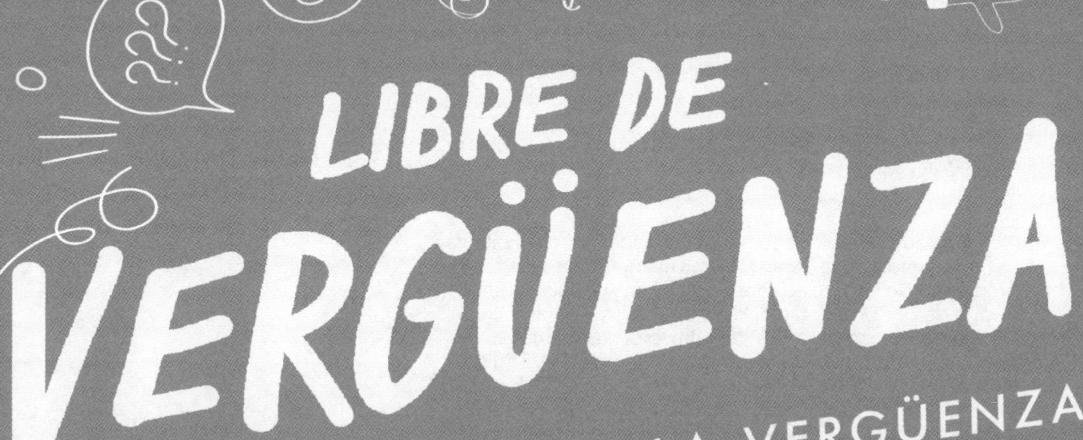

LIBRE DE VERGÜENZA

LUCHANDO CONTRA LA VERGÜENZA CON LA PALABRA DE DIOS

SCARLET HILTIBIDAL

ISBN: 9798384515777
Item: 005850465
Clasificación decimal Dewey: 248.843
Título del tema: MUJERES \ VIDA CRISTIANA \ ESTUDIO Y ENSEÑANZA

Para ordenar copias adicionales de este recurso llame al 1 (800)257-7744, visite nuestra página, www.lifeway.com o envíe un correo electrónico a recursos@lifeway.com. También puede adquirirlo u ordenarlo en su librería cristiana favorita.

Impreso en los Estados Unidos de América

Lifeway Mujeres,
200 Powell Place, Suite 100
Brentwood, TN 37027-7707

EQUIPO EDITORIAL LIFEWAY RECURSOS MUJERES

Elizabeth Díaz-Works
Directora Lifeway Mujeres

Jemima Dávila
Edición de contenido

Denisse Manchego
Corrección de estilo

ÍNDICE

Foto: Courtney George con Fox Creative

SOBRE LA AUTORA

Scarlet Hiltibidal escribió *Afraid of All The Things* [Miedo a todas las cosas], *You're the Worst Person in the World* [Eres la peor persona del mundo], *He Numbered the Pores on My Face* [Él contó los poros de mi rostro] y el estudio bíblico *Anxious* [Ansiedad]. Escribe con regularidad columnas para las revistas *ParentLife*, *HomeLife* y devocionales para *She Reads Truth*. Disfruta de su labor hablando en reuniones de mujeres en todos los Estados Unidos sobre la libertad y el descanso que pueden hallarse en Jesús. Scarlet es graduada en consejería bíblica y fue maestra de escuela primaria antes de comenzar su etapa como escritora. Vive junto a su esposo en Tennessee. Le gusta comunicarse en lenguaje de señas con sus tres hijas, comer nachos sola, escribir para sus amigos y estudiar monólogos de comedia con una pasión que debería reservarse para una actividad más importante.

CÓMO USAR ESTE ESTUDIO

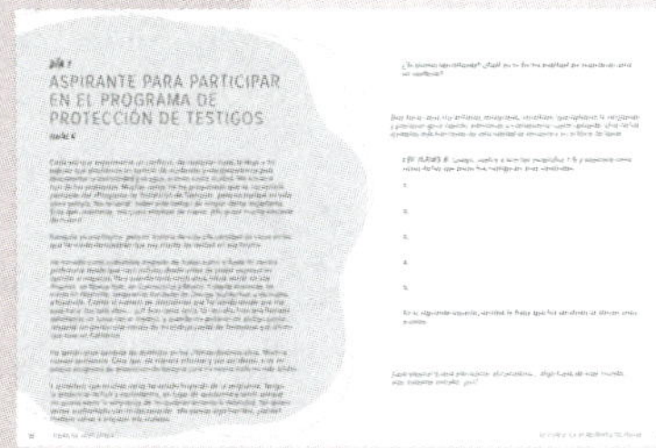

ESTUDIO PERSONAL

Aquí encontrarás cinco días de estudio personal para cada semana. Verás el video de enseñanza después de terminar el estudio de cada día. La primera sesión es una introducción, seguida de la enseñanza . Si estás estudiando con un grupo, pueden leer la introducción juntos o puedes leerla por tu cuenta antes de reunirte con el grupo para ver el video y comentarlo.

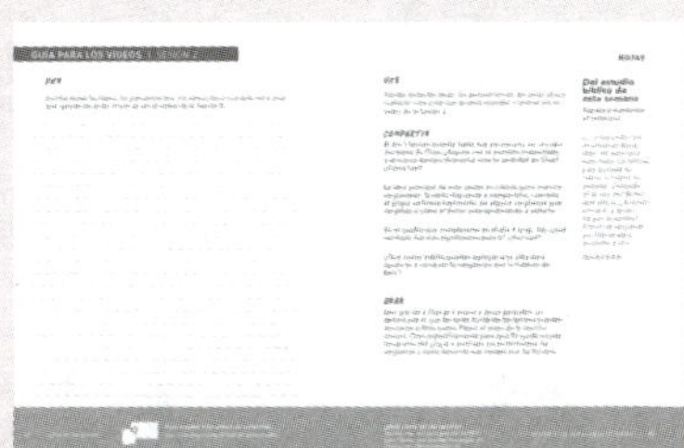

GUÍA PARA LOS VIDEOS

Cada sesión de este libro termina con un video de enseñanza grabado por Scarlet. La página de ***Guía para los videos*** te brinda un espacio para tomar notas de las enseñanzas que este ofrece y el intercambio con tu grupo. Lo mejor para comenzar el estudio es leer la Introducción, luego observar el video de la *Sesión 1* y, finalmente, escribir tus notas en la página 12.

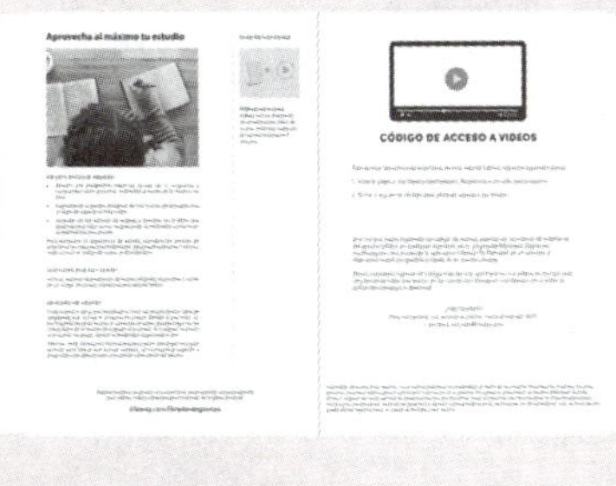

ACCESO AL VIDEO

Con la compra de este libro, tendrás acceso a los videos de Scarlet para ayudarte a comprender y aplicar mejor lo que estás estudiando. Encontrarás información detallada sobre cómo acceder a los videos con el código que se encuentra en la parte posterior de tu libro de estudio.

¿ERES LÍDER DE UN GRUPO DE ESTUDIO?

Encontrarás una guía gratuita en PDF para líderes, que puedes descargar de ***lifeway.com/ libredeverguenza.*** Esta guía ofrece sugerencias y ayuda para el encuentro grupal de cada semana.

SESIÓN 1

INTRODUCCIÓN

VERSÍCULO PARA MEMORIZAR

«ENTONCES DIJE: ¡AY DE MÍ! QUE **SOY MUERTO;** PORQUE SIENDO HOMBRE INMUNDO DE LABIOS, Y HABITANDO EN MEDIO DE PUEBLO QUE TIENE LABIOS INMUNDOS, **HAN VISTO MIS OJOS AL REY, JEHOVÁ DE LOS EJÉRCITOS».**

ISAÍAS 6:5

(ÉNFASIS AGREGADO)

INTRODUCCIÓN

Con frecuencia, vemos o escuchamos afirmaciones de personas bien intencionadas que nos dicen que somos «dignas». «¡Eres maravillosa! ¡Eres hermosa! ¡Eres digna!». Es como si estuvieras viendo la publicación en Instagram ahora mismo, ¿verdad? Y desearía tanto que fuera cierto…, quisiera serlo. Por favor quiero ser digna de amor, de comodidad, de éxito, de un día de spa, de todas las cosas buenas y no de las malas. ¿No quisieras eso tú también?

Mis primeros años de caminar con Jesús estuvieron marcados por el pánico de la desesperación por alcanzar esa dignidad. Pensaba que si llegaba a ser digna, podría estar tranquila. Suena tan bien… «ser digna». A veces, aún pienso de esa manera.

Es decir, quizás no sea digna ahora, en este preciso instante, pero podría serlo si me esfuerzo bastante, ¿no?

Mientras escribo esto, estoy en un avión, dirigiéndome al otro lado de mi país para hablarles de Jesús a un grupo de mujeres. Con toda seguridad, alguien como yo que escribe para mujeres, que habla de Jesús y de la Biblia debería ser digna, ¿verdad?; especialmente, en el momento en que me presente sobre el escenario y hable de la Persona más importante y definitivamente digna que haya existido jamás.

Pero no te preocupes, para ese momento ya seré digna. La conferencia comienza mañana por la tarde. De modo que, quizás no para el final de hoy, pero seguramente la dignidad me alcanzará antes de mañana al atardecer.

El problema radica en que… no es así. Ya lo sabemos. La dignidad no llega solamente por desearla.

Pensar de mí misma, según mi estándar, como «digna» es olvidar la cruz y, en última instancia, no da resultado. Cada vez que me encuentro en medio de un ciclo de esfuerzo y fracaso, de concentrarme en lo que yo hago más que en lo que Jesús hace en mí, termino sintiendo una efímera sensación de orgullo propio o una vergüenza devastadora. Anhelo tan profundamente ser digna… pero la mayoría de las veces, lo que siento es vergüenza.

¿QUÉ ES LA VERGÜENZA?

Yo describiría la vergüenza como esa horrible sensación de querer que la tierra me trague después de decir algo equivocado, cuando lastimo a alguien que amo, cuando me doy cuenta de que hice algo malo y no puedo hacer nada para arreglarlo. Y pienso: «Si pudiera retroceder el tiempo solo 10 minutos…». Siento como un: «¡Ay, no! Arruiné todo. Esa situación, esa persona, esa vida que amo está irreparablemente deshecha». Muchas veces, sentimos vergüenza por nuestras acciones pasadas, pero hay otros motivos por los que podemos llegar a sentirnos avergonzadas.

Piensa en esa persona que no encuentra trabajo, o que acaba de perderlo (un trabajo que ocupaba todos sus pensamientos, su tiempo y sus ambiciones); o en esa mujer que sufre porque es infértil, o que no está cómoda con el aspecto de su cuerpo. En situaciones como esta me acuerdo de Elisabet, en Lucas 1. Elisabet, que no podía controlar su incapacidad para concebir, pero sufría la vergüenza de ser estéril. En esas situaciones, la vergüenza puede ser producto de las expectativas de la sociedad que nos rodea; no la consecuencia de nada que hayamos hecho, sino de circunstancias que no podemos controlar.

Ni hablar de esas vergüenzas que algunas personas cargan, no por lo que hayan hecho o dejado de hacer, sino por lo que otra persona les hizo. No la vergüenza de su propio pecado, sino la que arrastran porque otros pecaron contra ellas. Podemos sentir que somos «la mala de la película», aun sin serlo, ¿no es cierto?

Además, y es algo que me parte el corazón, hay una profunda y difícil forma de vergüenza producida por el abuso, ya sea físico o verbal. En 2 Samuel 13, encontramos un ejemplo bíblico de esta clase de vergüenza en la vida de Tamar, quien sufrió una violación. Y si has sufrido un trauma de este tipo, te animo a que busques ayuda.

La vida es tan difícil… De las experiencias más extremas hasta las más «insignificantes», todas, alguna vez, nos hemos sentido humilladas, avergonzadas o turbadas. La vergüenza es una triste realidad de nuestro mundo roto, especialmente cuando ataca a quienes estamos en Cristo. No fuimos creadas para vivir sin esperanza, aplastadas bajo el peso de la vergüenza.

* Para encontrar un consejero profesional en tu área, puedes consultar sitios web como: biblicalcounseling.com/find-a-counselor, focusonthefamily.com/counseling y biblicalcounseling.com, o pedir alguna recomendación a tu pastor o líder. Si estás viviendo una situación de abuso en este momento, acude a las autoridades locales, o llama a la *National Domestic Violence Hotline* (800-799-7233). Hay personas que pueden ayudarte a encontrar un lugar seguro.

ESPERANZA PARA LOS AVERGONZADOS

Hace mucho tiempo, el profeta Isaías entró en el salón del trono de Dios, y quedó como «muerto», deshecho, quebrantado ante la visión de la santidad divina (Isa. 6:1-8). Su reacción fue un grito de desesperación y el reconocimiento de que no debería estar vivo en presencia de tal perfección. Pero entonces, sucedió algo extraño y maravilloso a la vez; uno de los serafines, en medio del humo, el temor, y la grandeza, tocó la boca de Isaías con una brasa y le dijo que su pecado había sido perdonado. ¿Qué respondió Isaías? «HEME AQUÍ. ENVÍAME A MÍ». NO ME IMPORTA NADA, ¡SOY TUYO! ¡HARÉ LO QUE QUIERAS! Esa es la explosiva belleza que constituye el centro de la experiencia cristiana. Isaías pasó de muerte a vida, de estar deshecho por la vergüenza a tener una esperanzada humildad y un deseo ardiente de servir al Señor.

¿Sabes? ¡Eso es lo que hace Jesús!

Nosotras estábamos muertas en nuestros delitos y pecados, pero el perdón de Dios nos da nueva vida, nuevo propósito, nueva confianza, nueva esperanza.

Lamentablemente, hay muchas personas que nunca llegan a estar «deshechas». Millones de hombres y mujeres van por la vida convenciéndose de que ellos mismos son causa de grandeza y esperanza. Eso tampoco resulta. El designio de Dios para el corazón humano es que reconozca su propia indignidad o vergüenza, vea la gloria y la gracia divina, y deje atrás toda autosuficiencia y vergüenza al confiar en Cristo. Cualquier cosa que no sea esto nos llevará a luchar sin remedio con el anhelo de demostrarnos a nosotras mismas y al mundo que somos dignas, cuando en lo más profundo de nuestro ser sabemos que, al fin y al cabo, no lo somos.

Entonces, ¿qué estamos haciendo aquí? ¿Por qué estás realizando este estudio bíblico? Encierra en un círculo en cuál de las dos categorías crees que encajas.

SI ESTÁS DESHECHA (O NECESITAS ESTARLO)

Si tu temor es que, para participar en un estudio bíblico, tu vida debe ser perfecta, no te preocupes. Es justamente lo contrario. Esto es para personas deshechas (y para aquellas que necesitan estarlo). Estar deshecha, como muerta, en el sentido de este pasaje de Isaías, significa darte cuenta de tu propia indignidad en presencia de Aquel que es digno. Hasta cierto punto, sentirnos deshechas es bueno para nosotras, pues produce humildad y dependencia de Dios. Mi oración es que este estudio bíblico te ayude a ver y recordar que estar deshecha, frente a la bondad de Dios, es el punto de partida ideal.

SI ESTÁS DEMASIADO DESHECHA

Es probable que este sea tu caso. Tal vez te sientas un poco… o demasiado deshecha. Creo que muchos seguidores de Jesús se encuentran en este estado. A veces vemos un atisbo del borde del manto de Dios y la profundidad de nuestro pecado, y nos aplasta tomar conciencia de lo inmensamente insuficientes que somos. No alcanzamos esa humildad llena de esperanza que brota del perdón de Dios.

Si estás deshecha, quiero que este estudio bíblico te ayude a ir más allá de la vergüenza de tu pecado a la satisfacción, el gozo y la paz que surgen de una vida motivada por el arrepentimiento y una feliz relación con Jesús.

Fuimos creadas para vivir en la luz, confesando, arrepintiéndonos y renunciando a nuestra vergüenza, porque Jesús experimentó la vergüenza en nuestro lugar. Esa es una bendición que tú puedes recibir.

Entonces, hagamos lo siguiente: estudia la Escritura conmigo durante las próximas semanas, y veamos la libertad que está a nuestro alcance cuando experimentamos en profundidad la misericordia de Dios. Estudiemos la Biblia, pongamos en práctica lo que enseña y disfrutemos de todo lo que nos da.

Yo vivía siempre esforzándome al máximo, ansiando y trabajando con todas mis fuerzas para alcanzar salud, paz y perfección. ¡Anhelaba tanto dejar atrás mis errores y no volver a cometerlos nunca más! Ansiaba el día en que Jesús viniera en las nubes y me arreglara para que yo no dañara nada más. Trabajaba, esperaba y ansiaba, sin darme cuenta de que la paz con Dios, el gozo con Jesús, podían ser míos ahora mismo. Entonces, antes de subir al avión para ir a hablar en esa conferencia, puedo estar en paz y libre de vergüenza. Puedo descansar, porque este día, este fin de semana, esta vida, no dependen de lo bien que yo pueda desempeñarme, sino solamente y siempre de cómo Jesús actuó en mi lugar.

Cuando recuerdo la verdad del evangelio de Jesús, sé que puedo bajar de este avión, no superperfecta e inmaculada, sino deleitándome en el poder y la verdad de la Palabra de Dios. La vergüenza es una mentira. Jesús es mejor. Vamos a descubrirlo juntas.

VER

Escribe todas las ideas, los pensamientos, los versículos o cualquier otra cosa que quieras recordar mientras miras el video de la Sesión 1.

Para acceder a los videos de enseñanza, usa las instrucciones al final de este estudio.

COMPARTIR

El temor y la vergüenza hacen que las personas corran a esconderse. Eso es prácticamente lo contrario de estar en un grupo, por lo tanto, espero que tú no salgas corriendo. Quiero que te quedes. Rápido, pensemos en lo que acabamos de ver en Génesis 3, Adán y Eva, y el principio de la vergüenza.

***Hay espacio para respuestas a las preguntas en las siguientes dos páginas.*

***LEAN GÉNESIS 3:8-11,* en grupo, recordando que esto sucede después de que Adán y Eva, los primeros dos seres humanos creados, pecaron contra Dios, al hacer precisamente aquello que Él les había ordenado que no hicieran. ¿Cuál fue su reacción cuando oyeron que Dios se acercaba?**

En el versículo 10, ¿qué le confiesa Adán a Dios que está sintiendo?

Adán tenía miedo, porque se sentía expuesto. Avergonzado, quiso huir. Cada una de nosotras, y todas las que conocemos, incluidos nuestros parientes y hasta los especialistas dentales han experimentado esta sensación. Cuando otra persona ve nuestra vergüenza, queremos escondernos. No creas que participar de este grupo durante seis semanas implica comprometerte a contar tus más profundos secretos y hacer peor tu vergüenza. Durante este tiempo, no se hablará solo de tu pasado, ni se expondrá en público lo que te hace sentir culpable. Se hablará de Dios y de lo que Él ha hecho para liberarte de eso. Quédate, concéntrate en Él, y comparte solo aquello que no te haga sentir incómoda al contar. Cuanto más este grupo te ayude a ver el poder y el amor de Dios, más querrás correr hacia Él, en lugar de huir para esconderte.

Ahora conozcámonos. Compartan sus nombres, ocupaciones y pasatiempos.

¿Recuerdas algo del primer hecho que te provocó vergüenza en tu infancia? Si te atreves, cuéntalo.

¿Recuerdas haberte sentido deshecha, muerta de vergüenza como Isaías alguna vez? De ser así, comparte cómo reconociste que necesitabas a Dios.

¿Has sentido que no podías despegarte de tu vergüenza? Relata algunas cosas que hiciste para salir de esa situación, y que no te ayudaron de la manera en que esperabas, o que solo te ayudaron momentáneamente.

¿ERES LÍDER DE UN GRUPO?
Encontrarás una guía gratuita en PDF para líderes, que puedes descargar, en: lifeway.com/libredeverguenza

NOTAS

Al comenzar este estudio, ¿qué expectativas tienes para tu caminar personal con Dios?

ORAR

Tomen un tiempo para acercarse a Dios juntas y pedirle nos ayude a comprender más profundamente Su gracia en el transcurso de este estudio, y a extender esa gracia a otras personas.

NOTAS

SESIÓN 2

LA VERGÜENZA DE ISAÍAS

JESÚS QUITA NUESTRA VERGÜENZA

VERSÍCULO PARA MEMORIZAR

«… Y TOCANDO CON ÉL SOBRE MI BOCA, DIJO: HE AQUÍ QUE ESTO TOCÓ TUS LABIOS, Y **ES QUITADA TU CULPA, Y LIMPIO TU PECADO.** DESPUÉS OÍ LA VOZ DEL SEÑOR, QUE DECÍA: ¿A QUIÉN ENVIARÉ, Y QUIÉN IRÁ POR NOSOTROS? ENTONCES RESPONDÍ YO: HEME AQUÍ, ENVÍAME A MÍ».

ISAÍAS 6:7-8

(ÉNFASIS AGREGADO)

DÍA 1

ASPIRANTE PARA PARTICIPAR EN EL PROGRAMA DE PROTECCIÓN DE TESTIGOS

Isaías 6

Cada vez que experimento un conflicto, de cualquier clase, le digo a mi esposo que alquilemos un camión de mudanzas y nos preparemos para desconectar la electricidad y el agua, e irnos a otra ciudad. Me encanta huir de los problemas. Muchas veces me he preguntado qué se necesitaría participar del «Programa de Protección de Testigos», pero no porque mi vida corra peligro. No recuerdo haber sido testigo de ningún delito importante. Solo que, realmente, me gusta empezar de nuevo. ¡Me gusta mucho empezar de nuevo!

Tranquila estoy bromeando; pero mi historia de vida y la cantidad de casas en las que he vivido demuestran que hay mucho de verdad en esa broma.

He tomado como costumbre empezar de nuevo como si fuera mi carrera profesional desde que nací; incluso, desde antes de poder expresar mi opinión al respecto. Para cuando tenía cinco años, había vivido en Los Ángeles, en Nueva York, en Connecticut y Miami. Y desde entonces, he vivido en Nashville, luego en el condado de Orange (California), y de vuelta a Nashville. Contar el número de direcciones que he tenido desde que me casé hace dieciséis años... ¡Uf! Son como once. El otro día, hice una llamada solicitando un turno con el médico, y cuando me pidieron mi código postal, respondí sin pensar una mezcla de mi código postal de Tennessee y el último que tuve en California.

He tenido once cambios de domicilio en los últimos dieciséis años. Muchos nuevos comienzos. Creo que, de manera informal y por accidente, tuve mi propio *programa de protección de testigos* durante toda mi vida adulta.

Y considero que muchas veces he estado huyendo de la vergüenza. Tengo la tendencia de huir y esconderme, en lugar de quedarme y servir, porque no quiero sentir la vergüenza de mi quebrantamiento o debilidad. No quiero verme confrontada con mi depravación. Me parece algo horrible, ¿sabes? Prefiero volver a empacar mis maletas.

¿Te sientes identificada? ¿Cuál es tu forma habitual de reaccionar ante un conflicto?

Dios hace cosas maravillosas, milagrosas, increíbles, que aplastan la vergüenza y producen gozo cuando admitimos y confesamos nuestro pecado. Uno de los ejemplos más hermosos de esta verdad se encuentra en el libro de Isaías.

LEE ISAÍAS 6. **Luego, vuelve a leer los versículos 1-5 y enumera cinco cosas de las que Isaías fue testigo en esos versículos.**

1.

2.

3.

4.

5.

En el siguiente espacio, escribe la frase que los serafines se decian unos a otros.

¡Qué escena! Suena aterradora, abrumadora… algo fuera de este mundo… algo bastante extraño, ¿no?

Ahora, leamos nuevamente los versículos 6-7. ¿Un ángel le pone una brasa ardiente sobre los labios a un hombre? ¿No te parece extraño? ¿Qué realidad espiritual se estaba demostrando por medio de este acto físico?

La iniquidad de Isaías fue quitada. En el idioma hebreo original, en que fue escrito el libro de Isaías, las palabras «tu iniquidad» son la traducción de un término que significa 'culpa, castigo por la iniquidad'.

De modo que no solo Isaías recibe el alivio del castigo que merece, sino también el alivio de la culpa. Esto es impresionante. Piénsalo otra vez: Dios no quita solo el castigo; también elimina la culpabilidad. Todos hemos sentido culpa alguna vez, y sabemos bien que es un castigo en sí misma, algo demasiado pesado para soportar.

Y en un instante, esa culpa desaparece. Cuando eras una niña, ¿alguna vez te encontraste en problemas y de repente, quedaste libre? Recuerda la circunstancia. ¿Escapaste de un castigo por algo? Quizás tus padres aún no se han enterado de la mentira que les dijiste esa vez, de esa noche, de ese error. Tal vez cargaste con la culpa durante un largo tiempo; pero al final, lo superaste. O es probable que aún no lo hayas superado.

Aquí, con los ángeles, Dios, e Isaías, vemos a un hombre que es completamente culpable delante del Dios que todo lo ve y todo lo sabe. Y en lugar de destruirlo, Él lo perdona. Es difícil imaginarse cómo sería eso, ¿cierto?

LEE ISAÍAS 6:8-13, **y responde las siguientes preguntas.**

¿Qué preguntó Dios?

¿Cómo respondió Isaías?

¿Qué misión tenía Dios para Isaías?

Esa misión parece bastante difícil. Isaías no solo debía llevar malas noticias de parte de Dios, sino que también le fue revelado cómo iba a terminar todo, y no era un final feliz.

¿Alguna vez Dios te llamó a hacer algo que te parecía difícil? Escribe aquí esa experiencia.

Si obedeciste a ese llamado, ¿cómo terminó todo para ti y para las personas a las que estabas sirviendo?

En esos años en que aún no me quedaba claro todo esto de mi fe, yo no hubiera tenido mucho para escribir en espacios como estos. El temor y la vergüenza me impedían obedecer, vivir para Dios, escucharlo y ser bendecida al participar en Su misión.

Pero cuanto más comprendía mi propia pecaminosidad y cuánto le había costado a Dios redimirme (es decir, cuánto amor y misericordia había en esa redención), más fácil fue comenzar a caminar poco a poco en la dirección que Él me mostraba. Cuando comencé a dar esos pasos, Él empezó a derramar una catarata de bendiciones sobre mí y mi familia, tales como: sentido, propósito, paz y gozo.

¿El temor y la vergüenza te impiden obedecer? De ser así, ¿cómo se manifiesta esto en tu vida?

Si respondiste que sí a la última pregunta, recuerda lo que la escena de la brasa sobre los labios de Isaías significa para ti. Como Isaías, somos indignas frente a la pureza de nuestro Dios perfecto y todopoderoso. Pero esa brasa ardiente nos recuerda que Dios es tan amoroso que nos ofrece Su perdón. El perdón de Isaías quedó simbolizado por esa brasa ardiente, pero nuestro perdón es ofrecido por medio de la muerte sacrificial y la resurrección de Jesucristo.

¿Qué pequeños pasos puedes comenzar a dar para tratar de vivir la misión que Dios te llama a cumplir? ¿Cómo puedes decir: «Heme aquí; envíame a mí» esta semana?

Creo que Andrew Davis lo resume de una manera espectacular en *Exalting Jesus in Isaiah* [Exaltando a Jesús en Isaías]:

> *Qué hermosa secuencia en esta narración: la visión del Señor entronizado en Su gloria lleva a una ensordecedora adoración en los cielos, y también a que Isaías tome conciencia de su propia pecaminosidad, lo que lo impulsa a clamar contra sí mismo, lo que lleva al perdón de su pecado, lo que lleva a escuchar el pedido del Señor por un mensajero, lo que lleva a que Isaías se ofrezca para el servicio. En este sentido, Isaías 6 constituye un paradigma perdurable para todo aquel que desee entrar en el servicio al Señor.*[2]

En resumen, la conciencia y el arrepentimiento de pecado nos llevan a rendir nuestras vidas al Señor para Su obra.

Concluye este día meditando sobre esta hermosa verdad y orando para que el Señor te ayude a ser libre de la vergüenza que traen tus fracasos, que te ayude a recordar el precio que Su Hijo pagó por tus pecados, que te ayude a renunciar a tu temor del futuro, y que puedas sentir Su cercanía mientras diariamente haces algo que tiene un valor eterno.

DÍA 2

ACOBARDADA FRENTE A MIS CONSAGRADAS PRIMAS

Lucas 14:7-14,25-33; Isaías 6:7

Las veces que más avergonzada me he sentido suelen coincidir con las ocasiones en que he sido testigo de algún acto de sacrificio o altruismo por parte de otra persona. Cuando Isaías dice: «Heme aquí; envíame a mí», me hacía sentir de la manera más punzante porque eso era justamente lo que yo no estaba diciendo y mucho menos haciendo en mi vida.

Siempre recuerdo que, antes de comenzar el proceso de adoptar a nuestra segunda hija, nacida en China, me encontré con unas primas lejanas en una reunión familiar. Mi primer impulso fue evitarlas más que a los gérmenes en el 2020. Debo aclarar que son personas maravillosas, pero la cosa es que acababan de adoptar a dos niñas con necesidades especiales, provenientes de otro país.

¡Qué hermoso, maravilloso y noble gesto! ¿Verdad?

Pues bien, en lugar de hacerles preguntas o felicitarlas por sus hermosas familias u ofrecerme a sostener a alguna de las bebés para que como mamá pudiera servirse algo de comida, yo en cambio tuve el extraño impulso de salir corriendo al baño a comprobar si estaba despeinada. Qué casualidad, sentía ese mismo impulso cada vez que me encontraba cerca de alguna de ellas. Me acobardaba.

Para mí, era como si la adopción hecha por mis primas estuviera en el salón del trono con los serafines clamando, y yo me sentía indigna e indecisa: todo lo opuesto a las cosas buenas que estaban pasando.

Su benevolencia fue como una incómoda luz que expuso cuán egoísta era mi vida. Su valentía me recordaba cuán cómoda me sentía yo escondiéndome de mi propósito en el mundo.

Entrar al baño. Me mirarme al espejo. Sentirme avergonzada. Y repetirlo una y otra vez.

Lo evidente de su fruto me recordaba cuán poco fructífera parecía mi vida; y eso no me gustaba para nada.

Pensaba, «¡Ay de mí! Me siento indigna de conversar con estas superheroínas, y ni siquiera estoy convencida de querer hacer lo que aparentemente es necesario para ser considerada digna».

Aunque mi corazón siempre tiende a la comodidad y me miente diciéndome que una vida buena es una vida fácil, Dios nunca ha escondido la realidad de Su propia santidad y el costo legítimo de ser una de Sus seguidoras.

¿Recuerdas alguna ocasión en tu vida en que la santidad o bondad ajena te hizo sentir que se ponía en evidencia tu propia culpa, y tuviste deseos de huir? Reflexiona y escribe al respecto en este espacio.

LEE LUCAS 14:7-14.

En este pasaje, Jesús estaba comiendo en casa de uno de los principales fariseos, un líder religioso de ese tiempo. Después de observar sus comportamientos, les dio una lección sobre la humildad.

Define en tus palabras qué es la «humildad».

¿Qué demostración de humildad vemos en este ejemplo de Jesús?

La Biblia habla mucho de la humildad. Debemos humillarnos (volvernos humildes) ante Dios. Debemos humillarnos para reconocer que necesitamos de Él, en primer lugar.

LEE LUCAS 14:25-33. **¿Cuál es el costo de seguir a Jesús?**

¿Por qué crees que esta enseñanza viene después de una enseñanza sobre la humildad?

El costo de seguir a Cristo es alto. Debemos estar dispuestas a cargar nuestra cruz y a dejar todo para seguirlo a Él. Eso incluye, entre otras cosas, dejar de lado nuestro orgullo. Cuando reconocemos que necesitamos a Jesús, cuando nos damos cuenta de que no podemos salvarnos a nosotras mismas, ni ganar santidad por nuestros propios medios, cuando entendemos que nunca seremos dignas por nosotras mismas, eso nos lleva a la humildad.

Puede que, incluso, parezca humillante. Pues bien, una de las mejores cosas que he aprendido es cuán diferente es ser humilde de ser humillada.

Los sinónimos de humillar son: deshonrar, mortificar, avergonzar, degradar, someter, denigrar, envilecer.

Por el contrario, estos son algunos sinónimos de humildad: modestia, mansedumbre, falta de orgullo, sencillez.

Son conceptos muy diferentes para dos palabras que suenan muy similares y con frecuencia podemos confundirnos.

Una palabra evoca mucho odio hacia uno mismo, y la otra tiene mucho que ver con Jesús y Su carácter.

¿Tiendes a equiparar ambos términos? ¿Te sientes más santa cuando te castigas a ti misma? Dedica unos minutos a escribir cómo se manifiesta esta lucha (o se ha manifestado) en tu vida personal.

En la siguiente tabla, escribe lo que la Biblia declara sobre la verdadera humildad.

PASAJE BÍBLICO	QUÉ APRENDEMOS SOBRE LA HUMILDAD
Miqueas 6:8	
Proverbios 18:12	
Isaías 57:15	
1 Pedro 5:5	

¡Vaya! La Biblia habla mucho de la humildad, ¿verdad? Y esa lista no está ni cerca de ser exhaustiva. Leyendo estos pasajes, lo que noté es cuántas veces se ordena a los hijos de Dios que sean humildes.

Puede ser bastante difícil comprender este tipo de mandamientos, porque como con cualquier fruto del Espíritu o característica de Cristo, si buscas una cosa buena por un motivo equivocado, no la hallarás. Si me digo a mí mismao llego a considerar en mi corazón: «Quiero ser humilde para ser genial, para que Dios y las personas me aplaudan», voy por mal camino.

VUELVE A LEER ISAÍAS 6:7. **¿Qué fue lo que provocó la humildad de Isaías?**

¡El perdón! La experiencia de Isaías, su conciencia del inmerecido y profundo perdón que había recibido del Dios perfecto, santo y verdadero, fue lo que provocó su humildad.

Para terminar este día, pídele al Espíritu Santo que te ayude a descubrir en qué áreas de tu vida estás estancada y no has podido crecer en humildad. Pídele que obre en tu corazón y te ayude a practicar la humildad.

DÍA 3

UNA DULCE PELIRROJA REDIMIDA

Isaías 50; Lucas 7:36-50; Salmo 103:11-14

Isaías 50 trata sobre escuchar a Dios, incluso cuando esto implique sufrir. Después de su encuentro con Dios en el capítulo 6, Isaías fue un profeta que obediente y voluntariamente difundió toneladas de malas noticias sobre el juicio de Dios que iba a venir. Este profeta escuchó y obedeció. ¡Bien hecho, Isaías! Pero recuerda: Isaías también era un hombre «de labios inmundos». Era un pecador.

Además de ser portador de malas noticias, Isaías era conocido por profetizar sobre el Mesías que iba a venir. Si eres una nueva creyente, y no sabes lo que significan todas estas palabras en este contexto, «profetizar» significa «predecir el futuro». Y la palabra «Mesías» significa el «Salvador». Isaías, sí, le dijo a la nación de Judá muchísimas cosas sobre el juicio de Dios que vendría, pero también le dio la revolucionaria y conmocionante noticia de que Él, en Su misericordia, enviaría a un Salvador (Jesús), Aquel que (parafraseando al *Señor de los Anillos*), «haría que todo lo triste se volviera irreal».

Y aquí, en este pasaje escuchamos algo más de lo que Isaías, ese siervo obediente, pero imperfecto y lleno de fallas, reveló sobre la venida del Siervo perfectamente obediente, perfectamente desinteresado. Él escribió sobre Jesús antes de Su venida.

BUSCA ISAÍAS 50 Y LEE LOS VERSÍCULOS 4-10 **desde la perspectiva del Siervo perfectamente obediente (Jesús) que iba a venir. ¿Qué dice el v. 4 que Dios le ha dado?**

¿Qué afirma el v.5 sobre lo que Jesús no hizo?

¿A qué evento futuro parecería que Jesús está refiriéndose en el v. 6? (Pista: Lee Juan 19).

Quiero que prestes especial atención a Isaías 50:7. Por favor, escribe el texto de ese versículo en el siguiente espacio:

En este versículo, vemos la naturaleza de Jesús: Él es cien por ciento hombre, pero también es cien por ciento Dios. No es algo que nuestra mente finita pueda comprender, pero es verdad. Él es el Hijo de Dios, que fue enviado por el Padre a vivir una vida sin pecado en la tierra, a morir en una cruz por nuestros pecados y a resucitar, venciendo la muerte.

Para la mayoría de los seres humanos, los hechos que menciona Isaías en el v. 6 serían muy humillantes. ¿Ser golpeado, burlado, escupido? ¿Acaso hay algo más humillante?

Pero el v. 7 nos asegura que Jesús no será avergonzado. ¿Por qué? Porque Él es Dios, y conoce cómo termina todo. Sabe que el resultado no será humillación, sino reivindicación.

Gracias a este momento en que «el cielo toca la tierra», donde Jesús se hizo hombre y nos trajo redención. Y por eso podemos imitar a nuestro Salvador y decir: «No fui humillada; no seré avergonzada». Esto es cierto para nosotras en Jesús. ¡Aleluya!

Entonces, ¿cómo puede ser nuestra vida si recordamos y aceptamos esta realidad?

Cuando yo tenía un poco más de 20 años, trabajaba en una iglesia. No había pasado mucho tiempo con Jesús ni en Su Palabra, y recuerdo a una dulce chica pelirroja que atendía la recepción, siempre llena de alegría y amor. Realmente era la recepcionista ideal: hacía sentir a todos los que se acercaban profundamente cómodos y amados. Recuerdo que un día se lo comenté y ella me dijo: «Bueno, es que a la que mucho se le perdonó, ama mucho».

¡Qué brillante!, pensé, sin darme cuenta de que literalmente, estaba citando palabras de Jesús.

LEE LUCAS 7:36-50. **¿Cómo se comportó la mujer de esta historia ante Jesús, y qué pensaron los fariseos de esto?**

En los vv. 44-47, Jesús expone por qué el comportamiento de la mujer era correcto y hermoso. Explica en el espacio de abajo lo que Jesús quiso enseñar.

¿Conociste alguna vez a alguien genuinamente humilde? Explica cómo vivía esa persona y cómo te hizo sentir.

¡Qué hermoso es que el Espíritu de Dios en la vida del creyente produzca humildad! Pero las personas, aun aquellas que se parecen más a Jesús, pueden decepcionarnos en esta vida. Gracias a Dios que podemos estudiar la vida de Jesús: en Él vemos, conocemos y escuchamos al único que «se humilló a sí mismo» (Fil. 2:8), o «se hizo humilde», aunque tenía todos los motivos para NO hacerlo.

Las veces que he sentido depresión o ansiedad, cuando pasaba las horas de la noche desvelada, recordando como en una película sin fin los peores momentos de mi vida (hablaremos sobre la película sin fin de la vergüenza más adelante), la idea de ser alguien como la «Dulce Pelirroja Redimida» parecía imposible.

En el siguiente espacio escribe brevemente los pensamientos positivos y negativos que arrastras.

LEE SALMO 103:11-14. **¿Qué afirma el salmista sobre nuestros pecados (rebeliones)?**

¿Qué declara sobre Dios?

Bien, dedícale algo más de tiempo a esta parte, por favor. ☺

Vuelve a la lista que escribiste en la página anterior, donde anotaste tus pensamientos positivos y negativos. Tacha esas cosas con pasión y determinación, como si tu vida dependiera de ello, hasta que no logres distinguir ni una sola palabra de las que escribiste.

Jesús es mejor y más fuerte que cualquier cosa que tú puedas escribir. Él lo entregó todo por amor a ti y lo provee todo para tu día a día. Gracias a Su sacrificio, nuestro compasivo Dios ha arrojado nuestras rebeliones «cuanto está lejos el oriente del occidente» (Sal. 103:12a).

Ahora, concluye este día (y tómate todo el tiempo que sea necesario) escribiendo la mayor cantidad de cosas que te recuerden la bondad de Dios. Cuando te sientas tentada a revivir la película de todas tus vergüenzas o a decirte mentiras sobre quién es Dios y quién eres tú, recuerda lo que afirma la Biblia: nuestro Dios es bueno y compasivo. Usa estos versículos para estimular tu memoria y escribe algunas formas en que has visto esa bondad de Dios en tu propia vida.

- Éxodo 34:6
- Salmo 23
- Salmo 145:8-10
- Juan 3:15-18
- Filipenses 1:6
- Santiago 1:17

DÍA 4

UN AUTO ROTO Y LA DEUDA DEL IPAD

Isaías 53:1–12

Cuando estaba recién casada, sin mucho dinero, trabajaba en una escuela y compartía el auto con mi esposo, quien era pastor y trabajaba unos 30 minutos de distancia de mi trabajo. Con frecuencia debía compartir vehículo con otra persona o esperar que alguien pudiera llevarme. Un día, la maestra del jardín de niños de mi escuela se compadeció de mi situación y me dijo: «Tengo un auto adicional que nadie conduce estacionado en mi garaje. Mi esposo y yo queremos prestártelo».

¡Qué regalo! Me sentí enormemente agradecida. ¡Casada, y con dos autos! ¿Cómo sería esa vida?

Pero casi inmediatamente ocurrió la tragedia. El auto era un viejo Mazda© convertible. Un día, abrí la capota y poco después me di cuenta de que no podía volver a cerrarla. Estacioné el auto delante de nuestra choza; (le pusimos el cariñoso apodo de «La choza» a nuestra primera «casa»). Puedes enterarte de más datos sobre esta choza maravillosa en el capítulo 2 de mi libro *You're The Worst Person in the World* [Eres la peor persona en el mundo].

Entonces, estacioné delante de «La choza» en estado de pánico, mientras comenzaban a caer algunas gotas amenazantes sobre el interior de cuero de mi auto prestado. No recuerdo claramente lo que sucedió en los momentos posteriores. No teníamos garaje ni forma de proteger al auto de las inclemencias del tiempo; por tanto, corrí a la casa en busca de algunas bolsas de basura y cinta de empaque (cosas que uno siempre tiene a mano cuando no le sobra el dinero) y cubrí con ellas todo el auto de mi amiga.

Fue tan horrible y humillante tener que decirle que habíamos arruinado su auto... Pedimos el repuesto de la ventanilla que se había roto, pero no teníamos dinero para pagar la instalación. Le dije que nos ocuparíamos del asunto, y ella, en un acto de pura misericordia, respondió: «Scarlet, no te preocupes por eso. Nosotros arreglaremos la ventana. Solo deja el auto en el estacionamiento».

¿Fue humillante? Sí. ¿Fue un alivio? ¡Claro que sí!

¿Alguna vez alguien se hizo cargo de las consecuencias de un error que tú habías cometido? ¿Alguien pagó una deuda que tenías? Escríbelo aquí abajo.

Una década después, estábamos en otra ciudad, con otros trabajos, dos autos en buen estado y suficientes ingresos como para comprar un iPad©, pero no suficientes como para remplazarlo si había algún inconveniente.

Una familia de nuestra iglesia con varios hijos pequeños y pidieron prestado el IPad de mi esposo. Cuando fui a recogerlo a su casa, la mamá se me acercó, me miró profundamente avergonzada, y me dijo algo muy gracioso: «Mi hijo lanzó tu iPad contra un árbol. ¡Lo siento mucho!».

Dicho esto, me entregó la pantalla rota, y yo simplemente respondí: «No te preocupes».

No me costó decirlo. No porque tuviéramos dinero para remplazar el iPad, sino porque otra persona había hecho lo mismo por mí antes. Dios ha hecho eso por nosotras.

Cuando has sentido en carne propia lo que significa que alguien pague tu deuda, es un gozo hacer lo mismo por otros.

Cuando pienso en esa familia y en el iPad roto, siento gratitud por haber podido tratarlos de la misma manera en que esa maestra me trató a mí. Lo mismo debería suceder con todos los seguidores de Cristo.

Podemos tener el gozo de vivir cada día que nos ha sido dado teniendo muy presente la inconmensurable deuda de la que hemos sido libradas. Podemos mostrar la mayor gracia del mundo, porque sabemos lo que es estar avergonzadas y humilladas, y sentir pánico al romper algo sin tener los medios para arreglarlo.

LEE ISAÍAS 53:1-12. **¿Quién es esta ofrenda por el pecado de la que Isaías escribe, y qué describe este pasaje sobre Él?**

Me maravilla el detalle con que se habla de Jesús cientos de años antes de que Él naciera. El pueblo de Dios recibió información sobre cómo iba a ser, cómo llegaría y la vergüenza que debería cargar.

VUELVE A LEER ISAÍAS 53. **¿Qué dice el v. 6 sobre nosotras?**

¿Cómo responde Dios a nuestras acciones, según este versículo?

Busca los siguientes versículos y escribe lo que dice cada uno sobre nuestra deuda.

PASAJE BÍBLICO	LO QUE APRENDEMOS SOBRE LA DEUDA
Romanos 6:23	
Efesios 1:7	
Hebreos 7:27	
1 Pedro 1:18-19	
1 Pedro 2:24	
1 Juan 2:1-2	

Tan grande es nuestra deuda para con nuestro Creador y Salvador, que nuestros cerebros explotarían solo de intentar comprenderla. A. W. Tozer explicó con palabras mucho más elocuentes que «explotarán nuestro cerebro» en cuán diferente, santo y elevado es Dios, y cuán necesitados, pobres y dependientes somos nosotros. Tozer escribió:

> *«No debemos pensar de Dios como el más alto en un orden ascendente de seres, comenzando por una sola célula y subiendo del pez al ave, al animal terrestre, al ser humano, al ángel, al querubín, hasta Dios. [...]. Él está tan por encima de un arcángel como de una oruga, porque el abismo que separa al arcángel de la oruga es finito, mientras que el abismo entre Dios y el arcángel es infinito».*

Pasa unos momentos en oración dando gracias a Dios por enviar a Su Hijo a morir en tu lugar. Dale gracias por Su perdón y Su amor.

DÍA 5

ISAÍAS POR TODAS PARTES

Juan 12:37-41; Lucas 4:16-19; Isaías 61:1-2

El libro de Isaías es el más citado en otros libros de la Biblia. ¿Por qué? ¿Por qué es tan importante que otros autores bíblicos no dejan de citarlo? ¿Qué tiene Isaías que es tan fundamental para nuestra fe?

Bueno, en pocas palabras, Isaías decía y repetía que Jesús iba a venir. Presentó claramente el mensaje del evangelio setecientos años antes de que el evangelio se cumpliera. Lo predijo con gran detalle…, detalle que acabó por cumplirse de manera tan completa que pone la piel de gallina.

Acabo de ver, dos veces en una semana, «El hombre gris» en Netflix. Rara vez mi esposo logra convencerme de ver una película «para varones», pero si hay alguna trama de amor entrelazada en la historia, puedo dejar de lado los disparos y las peleas, y me resulta interesante.

En resumen, la película trata sobre un agente de la CIA (interpretado por Ryan Gosling) y un grupo de tipos malos que quieren matarlo. Mi relación favorita en esta película fue la dinámica de «hermano mayor, hermana menor» entre Gosling y una niña que apenas entra en la adolescencia, con problemas cardíacos, a quien él debía cuidar.

Creo que me gustó más la película por la relación entre él y la niña con el problema del corazón. Ella es raptada y usada como carnada, y él siempre aparece a rescatarla. Le hace un guiño y se deshace de un montón de chicos malos que la rodeaban. «Un jueves como cualquier otro», le dice.

¿No te llama la atención algo así? ¿No quisieras que tu Salvador venga y te libre en un segundo de todo dolor? ¿No crees, en el fondo de tu alma, que eres una niña pequeña con problemas de corazón, y Jesús está luchando contra las fuerzas del mal para salvarte?

Si te parece demasiado bueno como para creerlo ahora, imagínate para quienes escucharon las palabras de Isaías en aquel tiempo, antes de que llegara el Salvador.

Te conté todo esto para demostrar la importancia y la frecuencia con que se cita el libro de Isaías. Y respondiendo a las preguntas anteriores, es importante porque revela la realidad del Salvador que iba a venir. Cuando Él vino, y tanto Él como los que lo rodeaban decían: «¿Recuerdas lo que dijo Isaías? ¡Abre los ojos!».

BUSCA JUAN 12:37-41. **En mi Biblia, hay un título antes de estos versículos: «Cumplimiento de las profecías de Isaías». Lee la porción señalada, y en el siguiente espacio escribe los versículos de Isaías que menciona este pasaje. (Pista: Puedes fijarte en las notas al pie o referencias cruzadas en tu Biblia).**

Escribe en tus propias palabras las profecías de Isaías.

Es difícil captar cabalmente la importancia solo tomando pequeños pasajes bíblicos como este, de modo que, si tienes tiempo hoy, te animo a que vuelvas aunque sea, al comienzo de Juan 12.

Allí, el principio del capítulo nos recuerda que Jesús acababa de resucitar a Lázaro. Los Evangelios son maravillosos. Hay milagro tras milagro tras milagro. Y en Juan 12, vemos la entrada triunfal de Jesús en la ciudad montado en un burro para cumplir la profecía de Zacarías 9:9. Aun las palabras que grita la multitud son tomadas del Salmo 118:25-26. Es increíble.

Por tanto, aquí en Juan vemos a Jesús en tiempo real viviendo en la práctica el llamado que Isaías profetizó al detalle, hasta en el estado de los corazones, los oídos y los ojos de las personas que lo rodeaban.

LEE LUCAS 4:16-19. **¿En qué ciudad estaba Jesús, y qué texto leyó?**

Lo que Jesús leyó aquí, en Su ciudad natal, no es al azar en lo más mínimo.

LEE ISAÍAS 61:1-2. **¿Qué frases específicas ves aquí, que acabas de leer en el evangelio de Lucas?**

¿No es increíble? Y es solo uno de los muchos ejemplos de esto. Jesús era la esperanza tan largamente esperada, el Héroe (mucho mejor que Ryan Gosling). Él no le brindó una seguridad temporal a una niña con problemas del corazón; Él derramó Su sangre, murió y resucitó para dar esperanza eterna a nuestros corazones rotos.

¡Levanta la mano si olvidaste que estabas haciendo un estudio bíblico sobre la vergüenza! Observar los detallados cumplimientos de esta esperanza hace que no prestemos tanta atención a cosas menores… como nuestra propia vergüenza. Ese es el objetivo.

¡Dios es tan maravilloso, tan compasivo y tan amoroso! Él pasa por encima de las cosas menores de nuestra vida y nos da lo que necesitamos. Nos ha dado señales y maravillas, detalles y milagros, ¡como si la salvación fuera poco! Podemos leer este libro vivo y activo (Heb. 4:12) y ver en cada página Su provisión y Su mano a lo largo de la historia. ¿Por qué tantas veces dudamos de Su mano en nuestra propia vida?

Probablemente esto te parezca mucho trabajo, pero verás que realmente es genial. A la izquierda, verás una cita bíblica y su tema. Imagina que estás en la escuela y siendo la persona estudiosa que seguramente eres, cuando leas estos pasajes, presta mucha atención a la letra pequeña, los números y las notas al pie. En cada versículo verás qué versículo de la profecía está cumpliendo y dónde se encuentra en Isaías. Dicho sea de paso, esto es solo una minúscula selección de ejemplos. Hay tantos más que es una locura. Te doy hechos los dos primeros. ¡Vamos!

MATEO 1:23 – Una virgen concebirá.	*Isaías 7:14*
MATEO 12:21 – Jesús es esperanza para los gentiles.	*Isaías 42:1-4*
MARCOS 9:48 – Cómo es la separación eterna de Dios («… el fuego nunca se apaga.»).	
LUCAS 4:17-19 – Jesús es ungido para predicar.	
JUAN 12:39-40 – Ojos ciegos y corazones endurecidos.	
HECHOS 8:32-33 – Jesús llevado como un cordero al matadero.	
ROMANOS 9:33 – Los que creen no serán avergonzados.	
1 CORINTIOS 15:54-56 – La muerte es sorbida.	

Bien, no quiero avergonzar a los que no completaron la tarea, pero si no buscaste todos los pasajes, solo mira este último. Hasta voy a copiar una parte para ti aquí:

> *Y cuando esto corruptible se haya vestido de incorrupción, y esto mortal se haya vestido de inmortalidad, entonces se cumplirá la palabra que está escrita: Sorbida es la muerte en victoria. ¿Dónde está, oh muerte, tu aguijón? ¿Dónde, oh sepulcro, tu victoria? ya que el aguijón de la muerte es el pecado, y el poder del pecado, la ley. Mas gracias sean dadas a Dios, que nos da la victoria por medio de nuestro Señor Jesucristo.*
>
> 1 CORINTIOS 15:54-56

Y el llamado, en Isaías 25:8: «Destruirá a la muerte para siempre».

¿Qué mejor noticia podemos tener que esta? Jesús es la buena noticia. El evangelio es la buena noticia. La muerte ha sido «sorbida en victoria». Tu vergüenza por tus fracasos pasados, presentes y futuros se marchita ante tal esperanza, ¿verdad? ¿Cómo deberías terminar este día? Créelo. Memorízalo. Aférrate a él. Jesús ha absorbido nuestra vergüenza y nos dio la victoria. Tómate el día, Ryan Gosling. Podemos tener paz verdadera y permanente en Cristo.

VER

Escribe todas las ideas, los pensamientos, los versículos o cualquier otra cosa que quieras recordar mientras miras el video de la Sesión 2.

Para acceder a los videos de enseñanza, usa las instrucciones al final de este estudio.

VER

Escribe todas las ideas, los pensamientos, los versículos o cualquier otra cosa que quieras recordar mientras ves el video de la Sesión 2.

COMPARTIR

El día 1 leímos cuando Isaías fue perdonado en el salón del trono de Dios. ¿Alguna vez te sentiste maravillada, y al mismo tiempo deshecha ante la santidad de Dios? ¿Cómo fue?

La idea principal de esta sesión es «Jesús quita nuestra vergüenza». Si estás dispuesta a compartirlo, cuéntale al grupo un breve testimonio de alguna vergüenza que cargabas y cómo el Señor está ayudándote a soltarla.

En el cuadro que completaste en el día 4 (pág. 36), ¿qué versículo fue el más significativo para ti? ¿Por qué?

¿Qué nuevo hábito puedes agregar a tu vida para ayudarte a combatir la vergüenza con la Palabra de Dios?

ORAR

Demos gracias a Dios por enviar a Jesús para abrir un camino por el que los seres humanos pecadores pueden acercarse Él, el santo Dios. Pasen el resto de la reunión orando. Oren específicamente para que Él ayude a cada integrante del grupo a combatir los sentimientos de vergüenza y culpa llenando sus mentes con Su Palabra.

Del estudio bíblico de esta semana

Repasa y memoriza el versículo:

«... y tocando con él sobre mi boca, dijo: He aquí que esto tocó tus labios, y es quitada tu culpa, y limpio tu pecado. Después oí la voz del Señor, que decía: ¿A quién enviaré, y quién irá por nosotros? Entonces respondí yo: Heme aquí, envíame a mí».

ISAÍAS 6:7-8

¿ERES LÍDER DE UN GRUPO?
Encontrarás una guía gratuita en PDF para líderes, que puedes descargar, en: lifeway.com/libredeverguenza

SESIÓN 3

LA VERGÜENZA DE LA MUJER JUNTO AL POZO

JESÚS DA AGUA VIVA A
LOS CORAZONES SEDIENTOS

VERSÍCULO PARA MEMORIZAR

«RESPONDIÓ JESÚS Y LE DIJO: CUALQUIERA QUE BEBIERE DE ESTA AGUA, VOLVERÁ A TENER SED; **MAS EL QUE BEBIERE DEL AGUA QUE YO LE DARÉ, NO TENDRÁ SED JAMÁS;** SINO QUE EL AGUA QUE YO LE DARÉ SERÁ EN ÉL UNA FUENTE DE AGUA QUE SALTE PARA VIDA ETERNA».

JUAN 4:13-14

(ÉNFASIS AGREGADO)

DÍA 1

¿QUIEREN ROBARME, O ALIMENTARME?

Juan 4:1-14; 7:37-38; 10:10

¿Alguna vez un acto de bondad de otra persona te dejó sin palabras? Yo crecí en ciudades grandes como: Los Ángeles, Nueva York y Miami. No conocí la famosa hospitalidad sureña hasta que me mudé a Nashville, ya adulta. En las grandes ciudades, uno camina rápido, hace sus cosas y se cuida de todo. Por eso, nunca olvidaré cuando en mi primer día en Nashville, un hombre en el estacionamiento me dijo: «¡Hey!», y yo di un salto, segura de que pensaba asaltarme. En realidad, no era un ladrón ni un asesino; solo me estaba diciendo «Hola».

En Nashville, hubo gente que me trajo comida preparada cuando tuve a mis bebés, y al llegar a un cruce de calles, me hacían señas para que pasara primero. Para mí fue raro, destacable, vivir en un contexto social tan lleno de gracia. Pero las comidas preparadas y los conductores amables no son gran cosa comparados con el texto que estamos a punto de estudiar.

La historia de hoy no se trata de una joven de ciudad que conoce la amabilidad sureña. Esto es porque los judíos y los samaritanos no tenían solo algunas diferencias culturales. Ellos no se mezclaban en lo más mínimo. Se odiaban profundamente.

Samaria había sido capturada por los asirios que deportaron a muchos judíos, se establecieron y se casaron con los que habían quedado. Así, comenzaron a practicar su religión a su manera. De modo que los judíos despreciaban a los samaritanos por motivos políticos, religiosos y raciales. D. A. Carson explica el sentimiento de que los judíos «consideraban a los samaritanos, no solo como hijos de rebeldes políticos, sino también como mestizos raciales cuya religión estaba contaminada por varios elementos totalmente inaceptables». Este conflicto incluía un desacuerdo sobre el lugar donde creían que el pueblo debía adorar a Dios.

El conflicto era tan intenso para cuando llegó Jesús que los judíos no pasaban por Samaria cuando debían viajar, sino que preferían cruzar el río Jordán. Esto es mucho más que la incomodidad de encontrarse con una examiga en el mercado. Era una tensión como la de los Capuleto contra los Montesco.

Esta mujer, por tanto, sentía una especie de vergüenza cultural singular aun antes de que Jesús abriera Su boca, solo ante la vista de un hombre judío junto a un pozo en Samaria. De modo que, cuando Jesús le habló a la mujer junto al pozo, fue mucho más que un cálido saludo al estilo de Nashville. Fue una declaración teológica radical, hermosa y transcultural.

¿Qué tipos de vergüenza social existen en el mundo actualmente?

LEE JUAN 4:1-14. **¿Por qué Jesús se detuvo en Samaria durante Su viaje?**

¿Qué le pidió a la mujer samaritana, y cómo respondió ella?

¿Alguna vez te has preguntado si la bondad de una persona era demasiado buena como para ser cierta? El primer ejemplo que me viene a la mente es cuando un niño quiere que le des dinero para un helado o va a pedirte que le permitas faltar por un día a la escuela, entonces lava los platos y te da un gran abrazo, seguido de un «Mamá, eres TAN hermosa, tan maravillosa, ¡te amo!». La respuesta, sin duda será: «Muy bien, ¿qué quieres?».

Recuerdas alguna ocasión en que desconfiaste de los verdaderos motivos por los que una persona actuaba de determinada manera. Escríbelo aquí.

¿Acabó siendo verdadera o falsa tu suposición sobre sus verdaderos motivos?

La samaritana sabía que no tenía mucho sentido que un judío se detuviera a pedir un poco de agua; por consiguiente, lo interrogó. ¿Qué querría realmente ese hombre?

¿Qué le dijo Jesús que podía ofrecerle, en el v. 10?

¿Cómo nos damos cuenta de que ella no entendió lo que Él realmente quería decir?

Seré sincera contigo: si no conociera esta historia, yo también cuestionaría la frase «agua viva». ¿Qué quiere decir esto? Me imagino una especie de criatura acuática de ciencia ficción, con Imágenes generadas por computadora. Pero Jesús solía utilizar palabras que tenían más de un significado. Más adelante, lo explica un poco mejor.

LEE JUAN 7:37-38. **¿Qué es el «agua viva», en este pasaje?**

«Si conocieras...», le dijo Jesús, «tú le pedirías...» (4:10). ¡Qué maravillosa afirmación! No solo para la mujer junto al pozo, que obviamente no sabía con quién estaba hablando, sino también para los creyentes de hace mucho tiempo, como yo, que caminan con vergüenza, olvidando que tienen acceso directo a Aquel que murió para llevarse esa vergüenza. «Si supieras...».

AVANZA UNAS PÁGINAS, HASTA JUAN 10:10. **¿Para qué vino Jesús al mundo?**

Los que conocemos a Cristo deberíamos pedirle ayuda cuando nos sentimos avergonzadas. Aun si estamos avergonzadas por motivos religiosos, culturales o por una tensión racial como la mujer samaritana. Estas cosas parecen demasiado grandes como para luchar contra ellas, pero, así como Jesús entró en Samaria y fue a hablar directamente con esta mujer, también entró directamente a nuestro mundo roto y nos ofreció una vida abundante para vivir.

El agua viva está disponible si deseamos beberla, sin importar cuán dolorosa sea la causa de nuestra vergüenza. La vergüenza es limpiada cuando conocemos a Jesús. Cuando se lo pedimos, Él nos da «agua viva».

Hoy, ora por la clase de vergüenza que tú o algunas personas con quien interactúas podrían experimentar, no por causa de pecado, sino por las expectativas de terceros. Ora para que tú y aquellos a quienes ministres experimenten sanidad y confianza renovada, esa que solamente viene del Señor.

DÍA 2

RECONOCIDA

Juan 4:11-26

Tuve una infancia poco común. Pero una no se da cuenta de que ha tenido una infancia inusual hasta que eres adulta y muchas personas te han dicho: «Eso no es normal». Mi mamá era, literalmente, una estrella de la TV y el cine, y mi padre biológico era mago y tragafuego. Sí, como lo acabas de leer. Pero para mí, era totalmente normal.

Dondequiera que fuéramos, en cualquier ciudad, en cualquier supermercado, mi mamá no podía caminar tranquila. La gente se alborotaba, le pedían autógrafos, todo eso. Mi mamá tiene una voz muy particular, muy aguda y muchas veces, en lugar de reconocerla de inmediato, le decían, por ejemplo: «Hablas IGUAL que esa chica de *Saturday Night Live*», (el programa de TV en el que ella actuaba).

Recuerdo que ella sonreía y decía con calma: «Sí, soy yo», y a veces no le creían. Salíamos del supermercado, del restaurante o de la ciudad, y la persona no se había dado cuenta de con quién se había encontrado. En esos casos yo, que había visto a tantos otros enloquecidos por conocerla, pensaba: «Esta persona no tiene idea de con quién está hablando. Si le creyera, este sería el momento más importante del año para ella y se lo contaría a todo el mundo».

Jesús no era una estrella de TV, pero se estaba corriendo la voz de Sus milagrosas sanidades y de las profecías cumplidas. Los que lo reconocieron, claro está, se marchaban de Su lado con una vida cambiada, pero muchos no creyeron en Él. Muchos no sabían quién era en verdad, y se iban sin reconocer la magnitud de la Persona que acababan de conocer.

Al principio, la mujer junto al pozo tampoco entendió con quién estaba hablando.

***LEE JUAN 4:11-26.* ¿Qué le preguntó la mujer a Jesús en los vv. 11 y 12?**

Me gusta esto. Me encanta que sus preguntas revelan su falta de comprensión, y me fascina que Jesús contesta, como solía hacerlo, no con una respuesta a su pregunta, sino con lo que ella realmente necesitaba comprender.

Recuerdo tantas ocasiones en que he orado pidiéndole a Dios detalles específicos (cosas temporales), y Él me ha respondido haciéndome levantar la mirada, expandiendo mi visión, recordándome quién es Él y lo que es eterno.

Escribe brevemente sobre alguna ocasión en tu vida en que no entendías lo que estaba pasando.

¿Cómo hubieran cambiado tus sentimientos si en ese momento de confusión, hubieras recordado quién es Dios: fiel, bueno, compasivo y soberano?

Otra cosa que me gusta del pasaje de hoy es que resulta tranquilizador para quienes, a veces, abrimos la Biblia y no entendemos lo que estamos leyendo. Quizás acudimos a ella en busca de respuestas o soluciones. A veces buscamos respuestas a preguntas como: «Dios, ¿cuándo va a cambiar este trabajo/ jefe/ problema?» o «Dios, ¿cuánto más tendré que esperar el resultado de estos estudios médicos?». Y en lugar de respuestas fáciles y rápidas, nos encontramos con Jesús. En lugar de logística, encontramos amor, consuelo y paz en la Palabra viva y eficaz.

¿Alguna vez le hiciste una pregunta a Dios, o has buscado en Su Palabra una respuesta por motivos equivocados? ¿Cómo fue esa experiencia?

VUELVE A LEER LOS VERSÍCULOS 13-14. **¿Qué hace por las personas el «agua viva» que Jesús ofrece?**

«Vida eterna» suena como una frase extraña, y quizás de tanto repetirla ya no pensamos realmente en su significado, pero es lo mejor que puede existir. Léelo otra vez: vida eterna, que significa ausencia de muerte, enfermedad y dolor. Implica la presencia de Dios, Su gloria, Su perfección, sin fin.

Eso es lo que Jesús le estaba ofreciendo a la mujer samaritana. No era un agua con propiedades curativas; era vida abundante y para siempre, ese mismo día. ¿Qué tiene que ver la vergüenza con esta historia? Veamos un poco.

LEE OTRA VEZ LOS VERSÍCULOS 15-26.

Observa cómo Jesús eligió revelarse ante esta mujer. Podría haberle hablado del agua viva y, viendo que no entendía nada, seguir Su camino. Pero se reveló como mucho más que un interlocutor inesperado al hablarle de las acciones vergonzosas que ella había hecho y estaba haciendo, hechos que Él no tenía por qué ni cómo saber.

¿Cómo reaccionarías tú si un completo extraño te enumerara todos los motivos de tu vergüenza durante una conversación?

¿Cómo respondió la mujer? Al principio, ¿quién pensó ella que Jesús era?

En el v. 26, Jesús deja perfectamente en claro quién es Él: se identifica con el esperado Mesías. Aquí, la mujer junto al pozo tiene oportunidad de aceptar que Jesús es quien dice ser y, al creerle, terminar el día cambiada para siempre. Sin embargo, también podía sucederle como a tantos cajeros de supermercado al ver a mi mamá, irse pensando: «Te pareces ella, pero no eres ella. ¡El que sigue!».

Jesús le brindó a la mujer la oportunidad de creer y, con esa fe, la oportunidad de ser libre de vergüenza. Ella era una mujer avergonzada. Él era el Salvador que quitaba su deshonra. Y en un momento brillante, Jesús le ofreció la vida eterna que ella jamás hubiera podido alcanzar por sí misma.

DÍA 3

ANTES Y DESPUÉS

Juan 4:27-42

Es una experiencia tan maravillosa, hermosa y liberadora cuando una persona cuenta su testimonio… La mujer junto al pozo tenía mucho para decir del «antes» en su testimonio. Pero hoy vemos cómo Dios redimió su «antes» para un maravilloso «después», no solo para ella, sino también para los que la rodeaban.

¿Qué adjetivos usarías para describir el «antes» de la mujer samaritana?

LEE JUAN 4:27-42. **¿Cómo describirías el «después» de la mujer samaritana?**

Jesús le dijo que tenía agua viva. Y después, cuando Sus discípulos le hablaron de comer, habló de comida.

¿Qué deseaba comunicar Jesús al mencionar, en sentido figurado, la comida y el agua?

Actualmente estoy obsesionada con los bols de Chipotle© y Arnold Palmers© (té helado y limonada). No sé cuáles son las comidas y bebidas que más te gustan en este momento, pero sé que las tienes, porque la comida y la bebida son necesidades básicas de los seres humanos. Sin esas cosas, nuestro cuerpo moriría. Una relación con Dios por medio de Jesús es lo mismo, pero en un nivel eterno. Si nuestro cuerpo no recibe comida y bebida, perece. Si nuestra alma no tiene a Jesús, solo podemos contar los días con desesperación. Él es para quien fuimos creadas, por eso, no hay verdadera vida en Su ausencia.

¿Crees que alguien que observe tu vida se daría cuenta de que Jesús es necesario para tu supervivencia? ¿Por qué, o por qué no?

¿Qué puedes hacer para demostrar más claramente que Jesús es la razón de tu esperanza?

Leer sobre la mujer samaritana es tan alentador, porque si hablamos de vergüenza, ella tenía mucho en su contra. Cargaba con su deshonra por motivos que eran su culpa, y motivos que estaban fuera de su control. Pero después de que tuvo este encuentro con Jesús, todo cambió.

El testimonio de esta mujer fue breve. Léelo otra vez en el v. 39. ¿Qué dijo ella, y cómo respondió la gente?

¿Qué elemento del testimonio de esta mujer, a tu juicio, impulsó a las personas a buscar a Jesús para saber más?

El v. 39 cuenta que muchos samaritanos creyeron por causa de su testimonio, pero otros quisieron escuchar más. Ellos fueron directamente a ver a Jesús y luego creyeron, porque tuvieron sus propios encuentros con Él. ¿No es maravilloso? Es tan cierto para todos los que creemos en Jesús… Si contamos la historia de cómo el Mesías nos llevó de la vergüenza, la esclavitud y la falta de esperanza a una vida abundante, veremos vidas cambiadas, claro está. Pero lo que esa historia relatada hace, principalmente, es presentar a Jesús a las personas y guiarlas a tener su propio encuentro con Él.

Si eres creyente, ¿cómo resumirías tu encuentro con Jesús en una sola frase, como hizo la mujer junto al pozo?

¿Alguna vez pudiste llevar a alguien a Jesús compartiendo tu testimonio? ¿O escuchaste el testimonio de otra persona y su encuentro con Jesús y te conmovió? ¿Qué aspecto de su historia fue lo que te conmovió?

Escribe más sobre esto a continuación, y termina este día dando gracias a Jesús por permitirnos ayudar a otras personas a alejarse de la vergüenza y acercarse a Él.

DÍA 4

EL CICLO DE AUTOCUIDADO

Juan 7:37-39

En la parte del capítulo 7 de Juan que estudiaremos hoy, Jesús vuelve a hablar del agua viva. Un poco de contexto será útil. En esos momentos, el ministerio de Jesús aún no era público, pero se estaba corriendo la voz sobre Él. El comienzo del capítulo 7 nos comenta que Jesús estaba recorriendo Galilea, porque en Judea los religiosos judíos querían matarlo. Para los judíos que habían dedicado toda su vida a seguir la ley de Dios, Jesús era un blasfemo, una amenaza para el sistema, Alguien que actuaba como si fuera el mismísimo Dios (que lo es).

Por tanto, aquí en el capítulo 7 vemos a Jesús enseñando en una fiesta. Si te fijas en las leyes del Antiguo Testamento, verás que los hombres judíos tenían varias festividades a las que debían asistir cada año (Deut.16). Basándose en esta información, los historiadores creen que la celebración a la que asistió Jesús en Juan 7 era la Fiesta de los Tabernáculos. Este evento duraba 7 días (Lev. 23) y era un tiempo en que los judíos celebraban que Dios había guiado a los israelitas por el desierto. De modo que Galilea seguramente estaba llena de gente en esa época del año: mucha gente, mucha celebración. Pero Jesús llegó en secreto, sin promocionar Su presencia, porque Su tiempo aún no había llegado (ver el v. 6).

> ***LEE JUAN 7:37-39.*** **¿Qué menciona Jesús como la necesidad de los seres humanos?**

La sed de agua es una necesidad universal. ¿Recuerdas lo raro que era en el 2020 ver a todo el mundo temiendo y sufriendo por una misma cosa? Todos sufrían, todos sentían su necesidad. Para mí es muy hermoso que Jesús les hablaba a las personas de una manera que atravesaba directamente cualquier filtro social o cultural que tuvieran: «sed, necesidad». Todas la tenemos. Todas sabemos lo que significa ese deseo. Todas sabemos lo que es desear algo, desear esa fugaz y huidiza sensación de saciedad. Así como la mujer junto al pozo, esas personas sabían que el bienestar y la provisión que podían hallar por sí mismas no durarían para siempre.

¿Dónde buscas bienestar últimamente?

Sinceramente, ¿te das cuenta de que buscar bienestar es una forma de esconder la vergüenza? ¿Cómo crees que sucede esto?

Si escuchas a los expertos de este tiempo, te dirán que el autocuidado y la práctica de hablarnos a nosotras mismas palabras positivas son la respuesta para combatir la vergüenza. Pero después de probar esas cosas por un tiempo, volverás al pozo una y otra vez, anhelando algo que te sane más profundamente, anhelando bienestar, consuelo y satisfacción que perduren. Tú fuiste creada para escuchar otra voz. Fuiste creada para recibir un cuidado más profundo. Y tu Padre quiere que lo recibas.

¿Qué le dice Jesús a la gente de Galilea que deben hacer para saciar su sed?

Según el v. 39, ¿a qué se refería Jesús cuando prometió las fuentes de agua viva?

Para quienes escuchaban esas palabras en Galilea, Jesús les prometió la venida de Su Espíritu. El Dios que nos hizo, prometió vivir en nosotras. Prometió sanidad eterna del pecado y de la vergüenza que conlleva.

Los que escuchamos Sus palabras hoy disfrutamos del privilegio de saber que podemos tener acceso a ese Espíritu ahora mismo, en este instante. Gracias a que Jesús es quien dijo que era, y gracias a que hizo lo que había dicho que haría, podemos ser saciadas. Nuestra vergüenza puede ser deshecha y nuestra sed puede ser calmada. «Si alguno tiene sed, venga a mí y beba».

¿Qué significa tener fuentes de agua viva fluyendo en tu ser? ¿Qué sientes, qué te viene a la mente al leer estas palabras?

A mí me hace sentir esperanzada, llena, liviana y consolada. No tengo que volver al «pozo» de mí misma, de las cosas que intento para llenar el vacío o cubrir mi vergüenza una y otra vez. En cambio, tengo la respuesta. No necesito cubrir mi vergüenza. ¡Soy llena del Espíritu Santo!

Concluye el día de hoy orando y dando gracias a Dios por Su Espíritu, el agua viva que nos da, que es como una fuente que viene de Él y fluye desde lo más profundo de nuestro interior.

DÍA 5

ADÓNDE IR CUANDO NO SE VA

Apocalipsis 21:1-6

Cada vez que creo que te he mostrado mi pasaje bíblico favorito, veo el siguiente y digo: «¡NO, NO, ESPERA! ¡EL MEJOR ES ESTE!».

Apocalipsis 21 es un lugar donde he acampado varias veces en mi vida, especialmente en esos tiempos en que el sufrimiento de estar todavía aquí, el duelo reciente y el dolor que aún me sorprende interrumpen mi vida. En esos tiempos sé que tengo una fuente de agua viva en mi interior, pero no lo siento, porque, aunque Jesús ha sido glorificado, aún no ha terminado de glorificarme. Aunque Él ha quitado las manchas de mi vergüenza, a veces todavía las recuerdo.

Apocalipsis es ese recordatorio, «demasiado bueno para ser cierto, pero lo más cierto que hay», de que, cuando esta vida termine, nuestra vergüenza no solo será deshecha, sino también destruida. Nuestra tristeza ya no podrá resurgir cuando nos sintamos débiles, porque no habrá debilidad. Seremos totalmente renovadas, totalmente saciadas y totalmente completas en Él.

> ***LEE APOCALIPSIS 21:1-6.*** **Aquí vemos la visión de la nueva creación que tuvo Juan. ¿Qué vio Juan en el v. 1?**

Como muchos de ustedes, cuando era niña, yo pensaba (con gran preocupación) que el cielo sería una incontable cantidad de personas paradas en fila, quizás todos con túnicas iguales, cantando por siempre, al unísono «Puedo cantar de tu amor por siempre». Claro, me gustaba la canción, pero esperaba un poquito más de mi vida eterna. De manera que no puedo explicarte hasta qué punto me alivió enterarme de que no vamos a pasar la eternidad como espíritus sepulcrales, aburridos, cantando himnos. No. La Biblia nos dice aquí mismo, claro como el agua, que habrá un cielo nuevo y tierra nueva.

Las cosas que nos encantan de la tierra y las cosas creadas que disfrutamos hoy estarán de vuelta, pero mejores que nunca. NUEVOS platos de Chipotle.

MEJORES Arnold Palmers. Todas las cosas serán nuevas y mejoradas porque el aguijón de la muerte y las consecuencias del pecado ya no las mancharán. ¡Piénsalo!

¿Qué dicen estos versículos sobre la morada de Dios?

Estoy a punto de ir a casa para pasar la Navidad y me entusiasma realmente la idea de estar con mi familia. Quiero usar mis calcetines calientitos, abrazar a mi hermana menor y acurrucarme con ella frente a la chimenea. Deseo escuchar la risa de mi mamá y ver a mi papá luchar con su perrito por lo que se ha metido en la boca. Anhelo estar con ellos, bajo su techo. ¿Qué mejor que vivir con las personas que amas?

Vamos a tener eso con Dios, pero perfeccionado: sin conflictos, sin sentimientos heridos, sin tener que estar cuidándonos de no ofender a nadie por diferencias de opiniones o temas controvertidos. Moraremos con nuestro Padre, y Él morará con nosotras. La familia perfecta, para toda la eternidad.

***VUELVE A LEER EL VERSÍCULO 4* y escríbelo en el siguiente espacio, deleitándote con cada palabra.**

No importa cuántos años tengamos, todas queremos que alguien más grande, más fuerte y mejor que nosotras enjugue nuestras lágrimas y ponga fin a nuestro dolor. Vuelve a lo que ya escribiste y marca todo lo que Dios dice que pasará.

Muerte: ¡adiós! Llanto: ¡nunca más! Clamor y dolor por las cosas que hiciste, las que te hicieron, las que pensaste o aquellas que otros pensaron de ti: ¡pasaron! Se fueron para siempre.

¡Qué esperanza, qué gozo! ¡Y es cierto!

LEE APOCALIPSIS 21:5 **y luego vuelve a 2 Corintios 5:17. ¿Qué declaran estos dos versículos?**

Los que estamos en Cristo somos nuevos. Ya lo somos. No tenemos que esperar a «entonces». Ya podemos vivir libres de vergüenza cuando recordamos y creemos cuán poderoso es el perdón de Dios. Cualquiera que sea tu vergüenza o pecado, es perdonado por la muerte de Jesús, ya cumplida, tan completamente como será perdonado para siempre. La diferencia es que un día, no solo seremos nuevas nosotras, sino también todo lo demás. Todo. Nuestro cerebro físico será nuevo. Las respuestas provocadas por nuestros traumas, los malos recuerdos, el estrés postraumático que cargamos… todo eso habrá desaparecido.

Esto es para quien es creyente ahora mismo: *tu vergüenza no te define*. Y en la gloria, tu vergüenza no tendrá oportunidad de definirte. Jesús hace y hará TODO nuevo.

¿Qué dice el final del v. 6 sobre el agua de vida (agua viva)?

¿Qué expresan estos versículos sobre quién es Dios y cómo es?

Nuestro Dios es generoso, es santo. Nuestro Dios es, provee y sostiene toda la vida, todo el poder, todo el perdón y toda el agua. Y nos los dará gratuitamente a quienes somos Sus hijos, en Su hogar y para siempre.

Termina este día junto al pozo. Pide que el Espíritu Santo, en lo más profundo de tu ser, te ayude a atravesar este día «antes de Apocalipsis 21» con una mente libre de vergüenza, llena de gozo y centrada en el amor de Jesús.

VER

Escribe todas las ideas, los pensamientos, los versículos o cualquier otra cosa que quieras recordar mientras miras el video de la Sesión 3.

Para acceder a los videos de enseñanza, usa las instrucciones al final de este estudio.

COMPARTIR

La mujer samaritana quizás sufría de vergüenza por causa de su raza y su cultura. ¿Has vivido una situación similar?

La idea principal de esta sesión es que «Jesús da agua viva a los corazones sedientos». ¿Qué aprendiste en esta sesión sobre el agua viva y cómo ser saciadas?

Menciona algunas cosas que anhelas, pero que jamás brindan satisfacción.

¿En qué sentido te identificas con la mujer junto al pozo? ¿En qué se parece tu historia a la suya?

¿De qué manera puedes ayudar a alguien que conoces a ver su necesidad de agua viva esta semana?

ORAR

Demos gracias a Dios por abrir el camino para que seamos sanadas y plenas, y por darnos el futuro (Apoc. 21) más hermoso y lleno de esperanza. Oren específicamente para que Él les dé oportunidades de compartir con otros el agua viva. Pídanle a Su Espíritu que les muestre cómo ponerlo en práctica individualmente y como grupo.

Del estudio bíblico de esta semana

Repasa y memoriza el versículo:

«Respondió Jesús y le dijo: Cualquiera que bebiere de esta agua, volverá a tener sed; mas el que bebiere del agua que yo le daré, no tendrá sed jamás; sino que el agua que yo le daré será en él una fuente de agua que salte para vida eterna».

JUAN 4:13-14

¿ERES LÍDER DE UN GRUPO?
Encontrarás una guía gratuita en PDF para líderes, que puedes descargar, en: lifeway.com/libredeverguenza

SESIÓN 4

LA VERGÜENZA DE PEDRO

JESÚS DA SEGUNDAS OPORTUNIDADES

VERSÍCULO PARA MEMORIZAR

«Y LES DIJO: **VENID EN POS DE MÍ,** Y OS HARÉ PESCADORES DE HOMBRES. ELLOS ENTONCES, DEJANDO **AL INSTANTE** LAS REDES, **LE SIGUIERON»**.

MATEO 4:19-20

(ÉNFASIS AGREGADO)

DÍA 1

CUIDADO CON LA PELÍCULA DE TU VERGÜENZA

Mateo 4:18-22; Lucas 5:1-11; Mateo 14:22-33; Gálatas 2:11-14

No sé a quién se le ocurrió la expresión «la película de mi vergüenza», pero es algo que mi esposo y yo mencionamos de vez en cuando. Por ejemplo: «No hablemos de nada de lo que pasó en el período entre 2006 y 2009. Todo ese tiempo está en la película de nuestra vergüenza».

Nota: Nos casamos en 2006, y casi todas las partes de nuestra ceremonia, fuera de la decisión de estar juntos, son consideradas (por ambos) parte de la película de nuestra vergüenza.

Tratamos de ignorar, evitar y borrar todos los recuerdos y las evidencias de esos recuerdos de la película de nuestra vergüenza; entre ellos (aunque hay más):

- Peinados horribles. Los dos fuimos culpables de esto. Mi esposo se había peinado estilo «Ringo Starr», y yo, estilo «Lisa Marie Presley», aunque era el año 2006 y ninguno de los dos había nacido aún en los años 60 o 70.

- Estar tan incómodos y avergonzados durante nuestro «primer baile» que decidimos darlo por terminado antes de llegar a la mitad.

- Nadie le dijo al pastor que ofició la ceremonia dónde debía ubicarse, así que intentó esconderse tras las plantas de plástico que había sobre la plataforma, y en todas las fotos, aparece su cabeza asomándose entre las hojas artificiales.

Además de estos detalles, había algunos problemas bastante más serios, muchos de ellos internos, como pecados secretos que ambos cargábamos y familiares con quienes estábamos distanciados y que no habían sido invitados, por ejemplo.

¿Sabes? Nunca colgamos en las paredes ni una sola foto de nuestra boda. ¿Por qué?, te preguntarás. Porque… ¿para qué recordar la incomodidad y la vergüenza de quiénes éramos, de nuestro aspecto, y de lo que pensábamos en ese tiempo?

¿Tienes algo así en tu película? Esperemos que no sea del día de tu boda. Pero creo (y no soy la única, seguramente) que todas tenemos recuerdos importantes que nos hacen fruncir el gesto cuando aparecen. Todas tenemos una película de nuestras vergüenzas.

En el siguiente espacio, escribe alguno de los momentos más incómodos de la película de tu vergüenza personal. Puedes escribirlo en otro idioma, con tinta invisible o en letra muy pequeña, y luego hacer garabatos encima para que nadie pueda ver lo que has escrito.

Como dueña (nada orgullosa) de una larga película de vergüenzas (de la que puedes ver una muestra en mi libro *You're the Worst Person in the World* [Eres la peor persona del mundo], que básicamente tiene diez capítulos de películas de mi vergüenza), no puedo decirte cuánto consuelo encuentro en la vida de Pedro.

Pedro, el pescador; Pedro, el discípulo. ¿Lo conoces? Te lo recuerdo: Es el hombre con el que Jesús anduvo y a quien amaba, y que fue usado por Dios para iniciar la iglesia cristiana como la conocemos hoy, DESPUÉS de varios comportamientos realmente vergonzosos y DESPUÉS de que negara literalmente conocer a Jesús, no una, ni dos veces, sino tres. Ese Pedro. Pero me estoy adelantando.

Comencemos leyendo Mateo.

***ABRE TU BIBLIA Y LEE MATEO 4:18-22.* ¿Qué estaba haciendo Pedro cuando Jesús lo invitó a seguirlo?**

*Nota: Pedro también es llamado Simón en la Biblia. Simón es su verdadero nombre; Pedro era una especie de seudónimo. A veces, verás que es llamado Simón, Simón Pedro o Pedro. Como hace mi esposo, que a veces me llama Scarlet, pero otras veces, por pedido mío, me llama «Sabia y Prolífica Escritora». Así tiene agendado mi nombre en su teléfono (bueno, en realidad, así me agendé yo misma en su teléfono). Mejor... continuemos.

¿Cuánto tiempo tardó Pedro en decidir seguir a Jesús?

Reflexiona sobre tu propio llamado. Si eres una seguidora de Jesús, ¿cuánto tiempo te llevó decidir entregarle tu vida a Cristo, después de tomar conciencia de la verdad del evangelio? ¿Cómo se dio esto en tu vida? Si no eres un seguidor de Jesús, ¿qué te impulsó a elegir este estudio bíblico? ¿Qué te atrae de la manera en que Jesús llama a algunas personas a Él?

LEE LUCAS 5:1-11. Muchos creen que este es el mismo hecho, escrito en dos Evangelios diferentes.

¿Cómo reaccionó Pedro en la versión de la historia que presenta Lucas, cuando Jesús milagrosamente llenó las redes de pescados?

¿Recuerdas cómo respondiste tú cuando reconociste por primera vez el poder y la santidad de Dios? ¿Cuál fue tu reacción?

En la Sesión 2, vimos una respuesta similar ante la santidad de Dios en Isaías 6. ¿Qué tienen en común las reacciones de Isaías y de Pedro?

Me encantan las similitudes. Me encanta cómo dos personas totalmente diferentes (uno era un profeta, y el otro, un pescador) cayeron postrados delante de un Dios perfecto, clamando por su pecado y su indignidad.

Muchas veces me han criticado por burlarme de mí misma. Aprendí a hacerlo desde pequeña. Es algo que, sin duda, hace sentir más cómoda a la gente. Más que nada, ¡me hace las cosas más fáciles a mí!

También es divertido burlarse de uno mismo porque puedes reírte a costa de alguien sin ofender a ninguna otra persona. Probablemente, si has visto un par de mis videos o compartido alguno de mis estudios, ya sabes que es un recurso que utilizo con frecuencia.

Pero reírse de uno mismo no es humildad. Nada que ver. No es piedad. Es una forma de humor. Es un mecanismo para soportar. En realidad, es una especie de máscara.

La verdadera humildad parece similar, pero es maravillosamente diferente. La motivación de la humildad no es autoprotegerse, ni sentir alivio, ni provocar risa. La humildad, de hecho, no tiene motivación alguna. Es solo un dulce y rendido reconocimiento de nuestra verdadera condición y de la genuina grandeza de Dios.

¿Qué similitudes encuentras en cómo Jesús responde a Pedro y cómo Dios respondió a Isaías?

En Isaías, vemos una explícita confirmación del perdón. En la historia de Pedro, vemos una invitación a seguirlo.

El erudito bíblico Thabiti Anyabwile hizo una observación maravillosa: «Algo singular es que aquí vemos una santidad que se acerca a los pecadores. En lugar de alejarse, Jesús dice: "Únete a Mí". Esta es una santidad que usa a un pecador confeso en su misión. Es una santidad que no solo llama al pecador, sino que también lo comisiona para que se convierta en pescador de hombres. Esta es una santidad tan deslumbrantemente bella que logra que un hombre deje todo por ella. Le da al que era pecador un nuevo propósito, una nueva dirección, un nuevo llamado».

Jesús invitó a Pedro a pescar hombres (v. 10). Pescar hombres es una metáfora para la palabra *evangelismo*. Eso es genial.

La metáfora de Jesús era algo que Pedro podía comprender perfectamente, puesto que era pescador. Aunque el llamado a hacer discípulos es para todos los que seguimos a Jesús, el de Pedro fue emitido en un formato específico, relacionado con el momento de su vida y el lugar en que se encontraba.

¿Has sentido que Dios te manda a usar tus habilidades específicas y en el lugar en que te encuentras para cumplir con hacer discípulos? ¿Has visto a otros hacerlo?

¿Estás buscando las cosas del reino a las que Dios está guiando? De ser así, escríbelo a continuación. De no ser así, ¿qué puedes hacer esta semana para comenzar a caminar en esa dirección?

Al leer la próxima parte, ten en cuenta que esto sucede más adelante en la vida de Pedro como discípulo de Jesús. Si vuelves atrás, en Mateo 4 cuando Pedro comenzó a seguir a Jesús, verás todos los milagros sucesivos y los impresionantes acontecimientos de los que fue parte al estar con Él. Vio sanidades milagrosas (Mat. 4:23-25), el Sermón del Monte (Mat. 5 – 7), a Jesús calmar una tormenta (Mat. 8:23-27), la decapitación de Juan el Bautista y la alimentación de los cinco mil (Mat. 14:1-21). Es un montón.

LEE MATEO 14:22-33. **Escribe todas las emociones que los discípulos (especialmente Pedro) vivieron mientras esto estaba sucediendo.**

Menciona algunas razones por las que Pedro podría haberse sentido avergonzado en este pasaje.

Muchas veces, la vergüenza no es solo un sentimiento interno, como cuando una de tus pantallas se queda sin batería. La vergüenza puede ser pública.

¿Acaso eso no la hace millones de veces peor? Cuando Pedro estaba concentrado en el poder de Jesús, experimentó un milagro. Pero tan pronto como quitó sus ojos de Él y volvió a fijarlos en la tormenta, comenzó a hundirse. Y todos los discípulos lo estaban viendo.

LEE GÁLATAS 2:11-14 **(Ten en cuenta que Cefas es otro nombre de Pedro). En este pasaje, ¿por qué Pablo critica a Pedro?**

En ese pasaje, vemos que Pedro estaba actuando hipócritamente. La Biblia de estudio CSB (en inglés) llama a esto «hipocresía por miedo». A pesar de que había recibido una visión divina indicándole que tuviera comunión con los gentiles, Pedro permitió que las opiniones de otras personas lo hicieran modificar su comportamiento, lo que a su vez provocó que otros a su alrededor cambiaran.

¿Te has descubierto comportándote de manera diferente, o escondiendo cosas, o (tosemos y disimulemos) riéndote de ti misma porque te preocupa demasiado lo que otras personas piensen de ti?

Hay tanto que podemos aprender de la vida de Pedro mientras buscamos vivir vidas libres de vergüenza, ¿verdad? Cuando miramos a las personas que nos rodean, o las tormentas que estamos atravesando, o los pescados que necesitamos pescar, nos hundimos, nos sentimos avergonzadas, o nos comportamos de maneras vergonzosas. Pero ¿qué sucede cuando miramos a nuestro Salvador? Para Pedro, era literalmente mirar el rostro de Jesús. Para nosotras, actualmente, no es tan literal.

¿Cómo podemos mirar a Jesús cuando sentimos vergüenza?

¿Y qué sucede cuando lo hacemos? Encontramos paz, salvación y milagros.

Concluye este día pidiéndole a Jesús, el que quita nuestra vergüenza, el Santo que se acerca a los pecadores, que te ayude a fijar tu mirada en Él hoy, no en la película de tu vergüenza o en los temores por el futuro, ni en las cosas que debes hacer.

DÍA 2

PÓSTERES DE GATITOS Y DETERMINACIÓN

Mateo 16:13–18

Fui a la escuela en la década de los noventa y principios de los dos mil, cuando los pósteres motivacionales eran una parte real y visible de la vida cotidiana. Hoy en día, con el regreso de la moda de los noventa, veo a los chicos de la generación Z divirtiéndose (estoy con ustedes, generación Z, y aprecio en silencio su humor en TikTok), convirtiendo frases insultantes o de dudoso gusto en «fondos de pantalla motivacionales». Pero cuando las paredes de mi escuela secundaria cristiana estaban cubiertas de pósteres motivacionales, no había nada de ironía en ellos.

Recuerdo un póster gigante de un gatito aferrado al borde de un precipicio con la palabra «DETERMINACIÓN» o algo así escrita al pie, en mayúsculas. La mayoría de los pósteres eran olvidables o dolorosamente ridículos, pero ese era en el que yo me concentraba cuando la clase se ponía aburrida; el que recordaba por las noches, cuando me sentía atrapada en mi torbellino existencial.

Estaba colgado sobre la pizarra blanca del aula donde teníamos clase de historia, y lo que decía era lo que ahora sé que es una cita atribuida a Einstein: «Lo que es correcto no siempre es popular; lo que es popular no siempre es lo correcto». Recuerdo que la maestra decía que, si todos están contentos contigo, probablemente no estás viviendo de verdad para Jesús.

Yo me estresaba debatiendo si estaba bien o no que fuera medianamente popular (después de haber sido extremadamente impopular). Me preguntaba si Jesús podía estar complacido conmigo, o me aceptaría, o me amaría, aunque yo no era perseguida activamente por ser una seguidora suya.

Piensa en la gente que te rodea y que no conoce a Jesús. ¿Quién crees que ellos dirían que es Jesús?

¿Cómo responderías si Jesús te hiciera ahora mismo la pregunta: «¿Quién dices tú que soy?»?

AHORA, LEE MATEO 16:13-16. **Cuando Jesús le preguntó a Pedro quién decía la gente que Él era, ¿qué respondió Pedro?**

En mis primeros años como cristiana, me costaba mucho tener la seguridad de mi salvación. Anhelaba encontrar una fórmula que garantizara mi estatus de salva, pero vivía tan consumida por mi imagen de lo que la gente pensaba de mí (la maestra del póster, mis compañeros, mis padres) que siempre pensaba que mis buenas obras eran egoístas. Me preguntaba si realmente podía decir que Jesús era mi Mesías o si, realmente, solo quería hacer lo que parecía que hacían las «chicas que se portaban bien».

LEE MATEO 16:17. **¿Quién dijo Jesús que le había hecho reconocer a Pedro que Él era el Mesías?**

¿No es tranquilizador? Pedro no creía porque era un súper y maravilloso ser humano cinco estrellas, admirado por todos los pescadores. Creía, no porque se lo hubiera revelado carne y sangre, sino Dios mismo desde el cielo.

En el siguiente espacio, escribe el v. 17 y medita en lo maravilloso que es saber que Dios es quien revela la verdad, quien salva y quien guarda tu alma.

LEE MATEO 16:18-19. **Haz una lista de todas las cosas que Jesús dijo que iba a hacer por Pedro y por medio de él.**

Busca los versículos del siguiente cuadro y toma nota de lo que Jesús dice que hará en y por medio de Sus seguidores.

PASAJE	LO QUE JESÚS HARÁ POR TI
Isaías 40:31	
Mateo 16:24-25	
Juan 14:27	
Juan 15:9-15	
Juan 16:13-14	
Romanos 5:10	
1 Juan 1:9	

Jesús nos ofrece vida, gozo, paz, perdón, reconciliación; todas las cosas buenas que anhelamos.

No tenemos por qué vivir temiendo lo que los demás pensarán de nosotras, ni avergonzarnos de las veces que hemos quitado la vista de Jesús. En cambio, recordemos lo que Él nos ha revelado. Nos dio ojos para ver quién es Él. Nos dio promesas de lo que va a hacer. Dios se revela a nosotras, nos llama, nos salva y nos transforma a Su imagen, poco a poco.

Concluye este día dando gracias a Dios por cargar con el peso de tus pecados y la vergüenza de tu pasado, y alábalo por el hermoso futuro que tiene preparado para todos los pecadores que creemos en Él.

DÍA 3

PEDRO NIEGA A JESÚS

Mateo 26:31-35,69-75; Juan 18:15-18; Romanos 5:6-8

Lo único que soy buena para predecir es cuánto tiempo puede durar una mascota en mi casa. Tengo tres hijas pequeñas, y hemos probado la mayor variedad de animales que puedas imaginar. La última muerte que predije fue la de una oruga que mi hija menor encontró en el patio. La oruga tenía nombre, un frasco especialmente acondicionado para ella y una cama de hojas. Pero no duraría mucho. Lo supe en cuanto la vi.

Yo le daba no más de tres días. Duró dos.

En lo que a conjeturas respecta, posiblemente la duración de la vida de una oruga sea mi única especialidad. Pero en el pasaje de hoy, veremos una predicción que Jesús hizo sobre Pedro y cómo terminó. Una pista: Jesús siempre acierta.

LEE MATEO 26:31-35. **¿Qué predicción hace Jesús en estos versículos?**

¿Cómo reaccionó Pedro ante la predicción de Jesús?

Si hubieras sido Pedro en ese momento, ¿cómo te habrías sentido?

Sabes, nunca pienso mucho en el hecho de que Jesús no solo amó y restauró a Pedro después de negarlo tres veces (como veremos más adelante), sino que ¡Jesús lo predijo! Él sabía que Pedro lo negaría. Durante todo el tiempo que compartieron juntos, Él le habló de salvación, promesa, esperanza y propósito, aún ANTES de que Pedro le fallara. Y lo hizo sabiendo que Pedro lo haría. ¿Consuela esto esa mente tuya que sobrepiensa y no puede parar, tal como la mía?

Escribe algo que te hace sentir vergüenza en esta etapa de tu vida.

Escúchame bien: Recuerda que Jesús sabía que ibas a fallar, tal como lo hiciste, incluso antes de que sucediera; y de todos modos, te llamó a Él. Te sigue llamando ahora, mientras lees estas palabras. En cierto sentido, tenemos una ventaja sobre Pedro: nosotras conocemos el final de la historia. Sabemos que Jesús murió y resucitó para declararnos perdonadas, limpias y suyas.

LEE ROMANOS 5:6-8. **¿Cuándo murió Jesús por nosotras? (Pista: Cuando éramos aún...)**

¿Cómo sentirnos avergonzadas, si recordamos que Él nos amó antes de que nosotras lo amáramos? ¿Cómo vamos a estar rumiando nuestros fracasos, cuando Jesús nos declaró perdonadas, limpias y suyas, MIENTRAS AÚN ÉRAMOS PECADORAS?

LEE MATEO 26:69-75. **Cuando lo acusaron de ser uno de los seguidores de Jesús, ¿cómo reaccionó Pedro?**

¿Hubo alguna ocasión en que hayas mentido para tomar distancia de una persona o una situación que te avergonzaba o te hacía sentir amenazada? Explícalo.

¿Qué crees que Jesús quiere decirle a tu corazón sobre esa situación?

El relato de Juan nos da un poco más de contexto.

> ***LEE JUAN 18:15-18.*** **Observa el entorno que rodeaba a Pedro en ese momento. ¿Dónde estaba? ¿Qué detalles da Juan sobre lo que Pedro podría haber estado oliendo, sintiendo, oyendo?**

Pedro fue quien cortó la oreja del soldado cuando Jesús estaba siendo arrestado (v. 10); y solo unos versículos más adelante, niega por completo a Jesús.

> **Trae las cargas de tus fallas pasadas ante el Señor. Dale gracias por Su perdón y escribe el Salmo 103:12 en el siguiente espacio.**

Estudiar las negaciones de Pedro me recuerda que muchas veces mi temor al hombre ha sido más fuerte que mi fe en el todopoderoso Jesús. En su libro *Cuando la gente es grande y Dios es pequeño*, Edward T. Welch escribe:

> *«Tememos al hombre porque pueden:*
>
> 1. *exponernos y humillarnos,*
> 2. *ridiculizarnos y rechazarnos, y*
> 3. *atacarnos, amenazarnos u oprimirnos.*
>
> *Estas tres razones tienen algo en común: consideran a las personas más «grandes» (es decir, más poderosas e importantes) que a Dios, y por el temor que eso crea en nosotros, acabamos dándoles a otras personas el poder de dictar lo que pensamos, sentimos y hacemos».*

Hoy, para terminar, escribe a continuación una oración pidiéndole a Dios que te ayude a ver cuánto más poderoso y grande es Él, que las personas que creó. Pídele que te ayude a vivir teniendo eso presente, y a combatir la vergüenza que sientes por las cosas que hiciste cuando veías a las personas grandes y a Dios pequeño.

DÍA 4

EL PODER DE REVERTIR LA VERGÜENZA

Juan 21:1-19

El pasaje que vas a leer es tan hermoso... Tiene poder para revertir la vergüenza. Abre tu Biblia en Juan 21. En este capítulo, Jesús fue crucificado, sepultado y ha resucitado de los muertos, asegurando así la vida para todos los que creen, y ha comenzado a encontrarse con diferentes personas antes de ascender al cielo.

Juan 21 no es una conversación cualquiera que Jesús tuvo durante Su ministerio. Esta conversación entre Jesús y Pedro que estamos por estudiar sucedió después del ministerio de Cristo en la tierra, después que fue burlado, torturado y muerto para la salvación de la humanidad, y después de que Pedro negó conocerlo siquiera, en medio de insultos y maldiciones (Mat. 26:74).

De modo que, imagina la escena. Imagina mientras lees, que tú eres Pedro y que estás teniendo una conversación real, cara a cara, durante el desayuno, con tu Maestro/Amigo/Salvador que acaba de resucitar... sí, ese mismo que tú negaste, negaste y volviste a negar.

LEE JUAN 21:1-14. **¿En qué se asemeja esta historia a la que leemos en Lucas 5, cuando Jesús llama a Pedro a seguirlo?**

Explica algo de lo que Pedro podría estar sintiendo físicamente en este momento. ¿Qué olería? ¿Qué sentiría?

¿Qué momentos de su pasado le traerían a la mente estas sensaciones? ¿Crees que serían recuerdos agradables?

Cuando tenemos vergüenza en el corazón, quizás evitemos algunas cosas que son buenas porque nos recuerdan momentos en que fallamos, ¿verdad? Pedro, chorreando agua, recién salido del mar, se acercó a una fogata que Jesús había preparado para el desayuno de Sus discípulos.

La ciencia confirma que el sentido del olfato está íntimamente relacionado con los recuerdos y las emociones, debido a la anatomía de nuestro cerebro. Juan menciona específicamente el fuego y las brasas en Juan 18 y Juan 21. Estos dos casos son los únicos en toda la Biblia en que se utiliza esa misma frase. Una fogata con brasas tiene un olor muy específico. Te guste o no, probablemente recuerdes alguna ocasión en que estuviste alrededor de una fogata. Quizá disfrutaste de una barbacoa en algún verano.

La Biblia no dice explícitamente esto, y quiero dejarlo bien en claro, pero creo que nuestro Creador sabe perfectamente cómo funciona nuestro cerebro. Después de todo, ¡Él creó nuestro cerebro! Sabe los recuerdos que asociamos a cada olor. ¡Qué detalle tan bello y lleno de gracia, que le diera a Pedro la oportunidad de darle un nuevo significado a esos recuerdos!

LEE JUAN 21:15-19. **¿Qué le preguntó Jesús a Pedro?**

¿Cuántas veces se lo preguntó?

Piensa en esas veces en que conversas o peleas con tu cónyuge, con tu hermano o algún amigo. Las peleas, los malentendidos o los conflictos, si son suficientemente graves, pueden fracturar una relación a tal punto que sea imposible repararla. Ya desde pequeños sabemos esto. Los conflictos pueden destruir el afecto. Imagina entonces, qué duro golpe habrá sido para Pedro que Jesús le preguntara: «¿Me amas?». Pedro, junto al fuego, escuchó esa pregunta sabiendo que le había fallado a Jesús justo antes de Su muerte, recordando también, sin duda, que Él había predicho que eso iba a hacer.

Si miro hacia atrás en mi vida, puedo recordar muchas situaciones en que hice algo que perjudicaba a alguien y luego tuve que enfrentar la realidad de que esa persona se había dado cuenta o se lo habían contado. Fui descubierta.

Recuerdo una vez en sexto grado, que algunos compañeros de la escuela se estaban burlando de otro y, en lugar de defenderlo, me reí con ellos. Entonces me di cuenta de que ese niño estaba parado justo detrás de mí.

Pienso en otras situaciones ya en mi vida adulta, que sería demasiado doloroso escribir aquí en este libro, en que dije algo poco honroso sobre alguien, y esa persona lo supo.

En los dos casos que más recuerdo, esas personas no me perdonaron. Mis acciones pusieron punto final a esas amistades: una consecuencia justa por mi mala acción. Pero aquí vemos a Pedro y Jesús desayunando juntos. Pedro sabe que es indigno: una restauración inmerecida.

VUELVE A LEER EL VERSÍCULO 17. **Cuando Jesús le preguntó simbólicamente a Pedro «¿Me amas?» por tercera vez, ¿cómo dice la Biblia que se sintió Pedro?**

Cada vez que me veo confrontada con mis propios errores y cómo he dañado a otra persona con ellos, he sentido ese mismo dolor en mis entrañas. Es como hacer caer un jarrón precioso, heredado de los bisabuelos, y ver cómo se destroza en mil pedazos, imposible de volver a armar.

¿Cómo respondió Jesús a la declaración de Pedro las tres veces?

A pesar del dolor y la vergüenza que seguramente Pedro cargaba, Jesús le dio un papel que cumplir, un propósito y una nueva oportunidad.

En algunas traducciones, dice «ovejas»; en otras, «corderos». La traducción del original griego es un poco más compleja, pero siempre apunta a pastorear, cuidar, etc.

Ahora bien, así como antes Jesús no le había querido decir a Pedro que lanzara una red física al mar para «pescar hombres», aquí está claro que no se refiere literalmente a ovejas hambrientas.

Entonces, ¿cómo se manifiesta en tu vida esto de pastorear ovejas? ¿Tienes hijos en casa que debes disciplinar? ¿Un discípulo en la iglesia? Si no te viene nada a la mente de inmediato, pídele a Dios que te muestre cómo sería, para ti, apacentar ovejas.

Mira la última palabra del v. 19. ¿Qué le dijo Jesús a Pedro que hiciera?

Si vuelves a leer el primer pasaje que estudiamos (Mat. 4:18-22) en el Día 1, verás de qué hermosa manera se completa este círculo de «¿Me amas? Pastorea mis ovejas» para Pedro en este momento.

¿Qué les dijo Jesús a Pedro y a su hermano Andrés en Mateo 4:19, la primera vez que se encontraron?

¿No es maravilloso? Jesús les dijo, básicamente, lo mismo en ambas ocasiones: «Ven en pos de mí»; «Sígueme». Era la misma orden. Pedro fue llamado por Jesús para seguirlo, ser pescador de hombres y alimentar ovejas. Aun cuando había arruinado todo, eso no lo descalificó del servicio a Jesús. Aun cuando sus actos podrían haber destruido esa relación, Jesús mantuvo a Pedro dentro de Su propósito y dentro de Su amor.

¿Recuerdas algún área de tu vida en que tus errores o fracasos te han hecho sentir que estás descalificada? Concluye este día escribiendo una oración de renovado compromiso para alimentar a las ovejas que Dios te ha llamado a cuidar, y seguirlo adonde Él te guíe. Dale gracias por las segundas, terceras y millonésimas oportunidades, y avanza con el gozo que te da el evangelio.

DÍA 5

CÓMO LA HUMILDAD, CON EL PODER DEL EVANGELIO, BORRA LA VERGÜENZA

1 Pedro 5:6–11

> *«... echando toda vuestra ansiedad sobre él, porque él tiene cuidado de vosotros».*
>
> 1 PEDRO 5:7

Este versículo siempre me hacía sentir muy frustrada. Quería experimentarlo, quería obedecerlo; pero no lo comprendía. Muchas veces intenté «echar mi ansiedad sobre Él», pero no podía dejar de preocuparme. Levantaba (en sentido figurado) mis brazos al cielo, llenos de ansiedades (figuradas) y me preguntaba por qué no aparecía la paz.

Pero a medida que he aprendido a soltar la vergüenza, también he aprendido a aferrarme a la Palabra de Dios. He comprendido que estudiar la Biblia de manera lenta, sostenida y completa es mucho más que una tarea que puedo tachar de la lista, es la clave misma de la transformación; la manera justa de hacer las paces con mi pasado. Solo cuando busqué un versículo antes del v. 7 entendí cómo podía hacer para echar toda mi ansiedad sobre el Señor, y por qué podía hacerlo.

***LEE 1 PEDRO 5:6-7.* Escribe la primera palabra que ves.**

Ahora bien, ya hemos visto que humillación y humildad son antónimos que a menudo tratamos como sinónimos; así que no te dejes confundir por esas palabras. Como hemos visto en el primer día de esta sesión, ser humilde (que es lo que significa aquí ese «humillaos») no es hundirse en una profunda mortificación; es tener conciencia de tu verdadero estado frente a la bondad de Dios. ¿No es hermoso, entonces, que Pedro haya sido quien escribió estas palabras, bajo la inspiración del Espíritu Santo? Pedro, conociendo la divinidad de Jesús, siendo consciente de cómo le había fallado a su amigo, sabiendo que había sido perdonado y que se le había dado una segunda oportunidad, dice: «Sean humildes, entonces, bajo la poderosa mano de Dios, para que Él los exalte cuando sea el momento».

Todas podemos adaptar esto a nosotras mismas.

En el siguiente espacio, pon en práctica la humildad. Escribe algunos recuerdos de ocasiones en que viste la poderosa mano de Dios actuando en tu vida.

Si vuelves a leer el v. 7 a la luz del v. 6, es mucho más fácil echar toda tu ansiedad sobre Él. En realidad, lo que haces es recordar quién tiene el control. Podemos sentirnos humildes, entregando las ansiedades y preocupaciones que no podemos cargar, cuando recordamos y creemos el evangelio. Me encanta cómo Tim Keller explicó el poder transformador del evangelio. Lo vi en mi Facebook© esta mañana.

> *El evangelio cristiano es que tengo tantas fallas que Jesús tuvo que morir por mí, pero soy tan amado y valorado que Jesús estuvo feliz de morir por mí. Esto me produce una profunda humildad y profunda confianza al mismo tiempo; combate tanto la arrogancia como el lamento.*

Si elegiste este estudio bíblico, probablemente sientas que eres más propensa al lamento. Quizás te sientas lejos de la arrogancia, agobiada por la vergüenza. O tal vez alguien te presionó para que hagas este estudio, aunque en realidad, crees que estás manejando las cosas realmente bien. Lo increíble es que esta profunda humildad de la que habló Keller nos aleja de estos dos extremos poco saludables y nos da una confianza que proviene de la gratitud de haber recibido la transformadora gracia de Jesús.

***LEE 1 PEDRO 5:8-11.* Al concluir esta carta, ¿qué advertencia hace Pedro en los vv. 8-9?**

Habiendo estudiado la relación de Pedro con Jesús, ¿por qué es importante esto?

Probablemente tú no aceptarías consejos de crianza de alguien que nunca tuvo hijos; o lecciones de violín de alguien que nunca lo haya tocado. Es mucho más probable que aceptemos consejos de alguien que tiene experiencia. Sinceramente, estudié 1 Pedro toda mi vida en escuelas cristianas y en la universidad, pero nunca tuve en cuenta quién estaba escribiendo esa carta. Nunca pensé que quien me instaba a resistir al diablo y permanecer firme en mi fe era alguien que no había resistido, que no siempre había permanecido firme. Pedro no estaba dando consejos sobre algo que no había vivido. Cuando escribe sobre el león rugiente, el sufrimiento y la resistencia, sabe de qué está hablando.

¿Qué esperanza ofrece Pedro en los vv. 10-11?

¡Increíble! ¡Contundente! El mismo que negó a Jesús, que se escondió por temor en lugar de permanecer firme, nos hace una advertencia seguida de palabras maravillosamente tranquilizadoras: Dios nos perfeccionará, afirmará, fortalecerá y establecerá, después de que hayamos padecido un poco de tiempo.

Usando lo que aprendiste esta semana, ¿cómo viste que Pedro fue perfeccionado, afirmado, fortalecido y establecido?

¿Has experimentado estas acciones consoladoras después de luchar contra la vergüenza? En el siguiente espacio, trata de recordar y dejar registradas algunas ocasiones en las que has experimentado esos regalos del Señor:

Perfeccionada:

Afirmada:

Fortalecida:

Establecida:

Concluye este día dando gracias a Dios por estos buenos dones que tenemos gracias a la misericordia de Jesús.

VER

Escribe todas las ideas, los pensamientos, los versículos o cualquier otra cosa que quieras recordar mientras miras el video de la Sesión 4.

Para acceder a los videos de enseñanza, usa las instrucciones al final de este estudio.

NOTAS

COMPARTIR

En el Día 1, leímos cuando Jesús se encontró con Pedro y le dijo: «Sígueme». Dedica unos momentos a contar cómo era tu vida cuando conociste a Jesús.

La idea principal de esta sesión es «Jesús da segundas oportunidades». Si te sientes cómoda haciéndolo, cuenta un testimonio de alguna ocasión en que Dios te dio una segunda oportunidad.

Vuelve al cuadro que completaste en el Día 2 (pág. 74) y que muestra lo que Jesús promete hacer en y por medio de Sus seguidores. ¿Cuál de esas promesas te impactó más? ¿Por qué?

¿En qué sentido te identificas con Pedro? ¿Qué aspecto de tu propia historia con el Señor te produce vergüenza? ¿Qué has aprendido sobre lo que Jesús quiere hacer con tu vergüenza después de estudiar a Pedro esta semana?

Jesús usó a Pedro para edificar la iglesia como la conocemos. Si estás involucrada en tu iglesia local, ¿de qué manera Dios te diseñó para servir al cuerpo? Si no estás participando, ¿qué miras que Dios te guía a hacer en tu iglesia?

ORAR

Demos gracias a Dios por permitir a Sus hijos hacer la obra del reino y vivir con un propósito, aunque no merecemos ese gozo y privilegio. Oren específicamente como grupo para obedecer con gozo mientras estudian la Palabra de Dios juntas. Pidan que el Señor una a su grupo y quite toda vergüenza que les impide servirle a Él y vivir con gozo gracias al llamado hecho a sus vidas.

DEL ESTUDIO BÍBLICO DE ESTA SEMANA

Repasa y memoriza el versículo:

«Y les dijo: Venid en pos de mí, y os haré pescadores de hombres. Ellos entonces, dejando al instante las redes, le siguieron».

MATEO 4:19-20

¿ERES LÍDER DE UN GRUPO?
Encontrarás una guía gratuita en PDF para líderes, que puedes descargar, en: lifeway.com/libredeverguenza

SESIÓN 5

LA VERGÜENZA DE PABLO

JESÚS SE LLEVA LO PEOR DE NOSOTRAS Y NOS HACE DIGNAS

VERSÍCULO PARA MEMORIZAR

«PALABRA FIEL Y DIGNA DE SER RECIBIDA POR TODOS: QUE **CRISTO JESÚS VINO AL MUNDO PARA SALVAR A LOS PECADORES,** DE LOS CUALES YO SOY EL PRIMERO. PERO POR ESTO FUI RECIBIDO A **MISERICORDIA,** PARA QUE JESUCRISTO MOSTRASE EN MÍ EL PRIMERO TODA SU **CLEMENCIA,** PARA EJEMPLO DE LOS QUE HABRÍAN DE CREER EN ÉL PARA VIDA ETERNA».

1 TIMOTEO 1:15-16

(ÉNFASIS AGREGADO)

DÍA 1

TATUAJES Y NAUFRAGIOS

Hechos 9:1-19

En estos momentos, estoy en un avión, saliendo de Atlanta. Vine a esta ciudad a hablar en un evento de la iglesia al norte de la ciudad, y no puedo dejar de pensar en un testimonio que escuché.

Una de las experiencias que más disfruto al viajar, para hablar y dar mi testimonio, es escuchar a las personas contar sus historias del antes y el después, y poder oírlas relatar cómo Jesús cambió sus vidas.

Anoche, antes de hablar en esta iglesia, una mujer se puso de pie para compartir su testimonio. Tenía unos anteojos espectaculares, un corte de cabello audaz, y un brazo cubierto de tatuajes. Lo primero que dijo fue: «Estos tatuajes son mi testimonio».

Los tatuajes representaban un naufragio. Un naufragio que simbolizaba las circunstancias y el resultado de una vida que la había hundido. Pero Jesús la redimió. Sanó sus heridas y restauró lo que estaba roto. Ella dijo que ahora cuando adora a Dios en la iglesia, levantando los brazos, ve el tatuaje del naufragio al revés, y eso le recuerda cómo Jesús cambió todo en su vida.

Su historia es diferente de la mía: el dolor que ella padeció, las pérdidas que sufrió; pero no pude evitar sentir que ella estaba contando mi historia al mismo tiempo. Jesús se acerca a nosotras cuando estamos rotas, sea cual sea la forma en cómo se vea esa ruptura en nuestra vida.

En esta semana veremos uno de los más grandes ejemplos de «personas hundidas que llegan a ser apóstoles»: Pablo, también conocido como Saulo. ¿Has sufrido vergüenza en tu pasado? Sin duda. ¿Hiciste o dijiste cosas que odias recordar? ¿NO hiciste o NO dijiste cosas que debiste y no puedes dejar de recordar y lamentar? El apóstol Pablo puede decirte: «No es nada comparado conmigo». Pablo era el peor, y fue hecho nuevo. La historia de este perseguidor convertido en mártir (quien, dicho sea de paso, también estuvo en un naufragio de verdad) puede darnos gran aliento.

LEE HECHOS 9:1-18. **¿Qué dice el v. 1 que Pablo (recuerda que antes se llamaba Saulo) estaba haciendo cuando viajaba por el camino a Damasco?**

Saulo (Pablo) era un hombre muy intenso. ¿Alguna vez sentiste tanta ira en tu interior que estabas «respirando [...] amenazas y muerte» contra alguien? No, mejor no me respondas.

Cuando aprendí por primera vez quién era Pablo, yo lo consideraba un villano con una gran historia de cambio de vida. Pero no me puse a pensar cómo se habría visto Pablo a sí mismo, con sus propios ojos. Desde su perspectiva, las amenazas y la muerte que exhalaba con cada aliento eran justas. Es que él era judío, parte de la élite, del pueblo de los «elegidos de Dios»: los israelitas. Era muy religioso. De hecho, era tan devoto que se consideraba un guerrero santo empecinado en destruir a cualquiera que no adorara a Dios como lo hacía él.

Cuando se enteró de este grupo de gente que seguía a Jesús (gente que para Pablo y otros como él eran locos, blasfemos y extremistas), justificó la violencia como forma de remediar lo que estaba viendo.

Pero su encuentro con Jesús cambió todo.

Cuando Pablo preguntó quién era la voz que le hablaba, ¿qué respuesta recibió?

Agradezco que esto esté expresado tan claramente aquí, porque lo estoy leyendo siglos después, siendo alguien que no ha perseguido a los seguidores de Jesús para mandarlos a la cárcel. Pero imagínate lo que habrá sentido Pablo ante esa respuesta. No solo es justamente acusatoria, sino que además, Jesús se está identificando de manera personal con Sus seguidores. En esencia, le estaba diciendo a Pablo: «No solo estás lastimando a personas que creen en mí, sino que también me estás persiguiendo a mí».

VUELVE A LEER LOS VERSÍCULOS 10-18. **¿Cómo se llamaba el hombre al que Dios le ordenó que fuera a ayudar a Pablo?**

¿Cómo reaccionó cuando el Señor dijo su nombre en el v. 10, y a quién te recuerda eso (de la Sesión 2)?

«Heme aquí, Señor», «Heme aquí, envíame a mí». ¿Recuerdas a Isaías? ¿No es genial y hermoso que cuando una persona común se encuentra con Dios, su reacción es servir, en lugar de sentir vergüenza?

Ananías estuvo dispuesto a servir a un conocido asesino, un conocido perseguidor, porque Dios lo llamó por su nombre y le dijo que lo hiciera.

En los versículos 15-16, ¿qué le dijo Dios a Ananías sobre lo que le iba a suceder a Pablo?

¿Por qué crees que Dios le dijo a Ananías estas cosas sobre el futuro de Pablo?

LEE HECHOS 9:18. **¿Qué sucedió inmediatamente antes de que Pablo fuera bautizado?**

Dios abrió los ojos de Pablo para que pudiera ver Su santidad, como lo había hecho con Ananías, con Isaías, como lo hizo conmigo. Y Pablo avanzó, obedeciendo con gozo, en lugar de quedarse llorando sus fracasos pasados. ¡Increíble!

¿Qué sueles hacer, o a qué sueles recurrir, cuando te confrontan con tu pecado?

Si tienes un patrón poco sano de quedarte hundida en el dolor por tus fracasos, ¿qué puedes aprender del ejemplo de Pablo?

Concluye este día pidiéndole al Espíritu Santo que te muestre cómo comportarte de una manera diferente y no sumergirte en la vergüenza, teniendo en cuenta la realidad de que tus pecados fueron perdonados.

DÍA 2

EL ÚNICO ARREGLO PARA GENTE ROTA

Hechos 9:20-31; Lucas 18:27

Desde que tenía dieciocho años, varias veces he tenido que lidiar con un distanciamiento muy doloroso en mi familia. Las emociones, los malentendidos, las palabras hirientes, los llantos, las oraciones, el aconsejamiento, los libros que he leído...

Ha sido una de las cosas más dolorosas y desalentadoras que he vivido. Traté de no alejarme: una y otra vez intenté arreglar algo que no tenía solución. Pasé del dolor al enojo, a la frustración, a la exasperación y a la vergüenza... tanta VERGÜENZA. ¿Acaso no soy hija de Dios? ¿Acaso mi amor sobrenatural debería poder arreglar lo que está roto? ¿Qué es lo que anda mal en mí? ¿Será que mi fe no es tan firme como creía?

La parte de mí que es cínica (y que no tarda en aparecer, si no estoy muy atenta) solía sacudir la cabeza con cansancio, repitiendo la vieja frase: «Las personas nunca cambian». Los adictos siempre serán adictos. Los infieles siempre serán infieles. Nunca puedes confiar en un mentiroso.

Y honestamente, si te fijas en la historia, y has vivido algunos años, sabrás que generalmente es cierto. Pero Dios...

LEE HECHOS 9:20-25. **¿Qué hizo Pablo inmediatamente después de su conversión?**

¿Por qué estaban atónitos los que escuchaban?

No se me ocurren pruebas más contundentes de que Dios cambia las vidas, que encontrarte con una persona cuyo corazón fue cambiado. Claro, de este lado del cielo, siempre tendremos el peso del pecado; los adictos redimidos aún deben luchar contra el origen de su adicción; los infieles arrepentidos quizás aún se sientan tentados a engañar, y los mentirosos rescatados todavía pueden sentir la tentación de volver a mentir. Pero el poder del evangelio nos dice que ya no somos esclavas de esos pecados, porque Jesús nos transforma sacándonos de la esclavitud del pecado, como nos lo recuerda Pablo en 2 Corintios 3:17: «...donde está el Espíritu del Señor, allí hay libertad».

Si eres creyente, ¿recuerdas cómo era tu vida y cómo vivías antes de convertirte en una hija de Dios? ¿Cómo eras? ¿Qué cambió?

LEE HECHOS 9:26-30. **¿Cómo respondieron los discípulos de Jesús a Pablo cuando trató de unirse a ellos?**

¿Alguna vez dudaste de confiar en alguien que decía haber cambiado? ¿Por qué sí, o por qué no?

Todos cargamos con el dolor de amar a personas que toman decisiones que las lastiman a ellas mismas, y a quienes se relacionan con ellas. Muchas de esas situaciones parecen no tener solución y algunas, aun acaban en lo que parece ser un callejón sin salida. Alguien a quien amo falleció el año pasado. Las adicciones y la depresión llevaron a esa persona al suicidio; la máxima expresión de la desesperanza. Seré sincera: el dolor de esa pérdida hace que me resulte difícil creer que las personas pueden cambiar. Pero, aunque tengo historias de dolor y pérdida, también he visto el milagro de personas que iban por ese camino, pero fueron redimidas y restauradas, como Pablo.

¿Qué pruebas dio Bernabé para explicar la transformación de Pablo?

¿Alguna vez viste un cambio tan drástico como el de Pablo en la vida de alguien? Quizás fue tu propia vida. ¿Qué pruebas darías de que esa persona ha cambiado? ¿Qué pruebas podría dar otra persona respecto de tu vida?

Bernabé no solo cita que Pablo estaba predicando «en el nombre de Jesús», sino también afirmó que «había visto [...] al Señor». Pablo vio literalmente a Jesús. Vio su propio pecado a la luz de Aquel que había muerto para salvarlo de esos pecados. Y salió de ese encuentro como un hombre cambiado.

***AHORA, LEE EL V. 31.* ¿Qué sucedió con las iglesias de la región cuando Pablo y los otros que habían sido cambiados por Jesús compartieron la buena nueva?**

La iglesia no solo creció en número, sino también en fortaleza y paz. Me encanta el v. 31. Orar por los perdidos, esperando restauración, sanidad y unidad... no es en vano.

***LEE LUCAS 18:27* y escríbelo aquí abajo. Presta atención a cada palabra y pídele al Espíritu Santo que ayude a tu corazón a creerla.**

La salud de la iglesia y la sanidad de personas y relaciones rotas no dependen de nosotras ni están en nuestras frágiles manos; es Jesucristo quien cambia las vidas. Él usa a personas que parecen no tener remedio, como yo y Saulo el perseguidor, para llevar a cabo Su obra. De manera que... cobra aliento. Olvida tu vergüenza. Ten esperanza en el poder transformador del evangelio. Jesús te está usando, y el reino de los cielos no puede ser vencido.

Concluye este día orando por las personas que amas y por las relaciones quebradas. Pide con fe al Señor que te fortalezca y aliente a ti, a tu iglesia y a tu comunidad. Pídele que te ayude a tener paz en aquello que no puedes cambiar y a confiar en Su poder para lo demás.

DÍA 3

LA COMPETENCIA DE LOS PEORES

2 Corintios 3:4–18; 4:1–6; 5:17

El año pasado, como ya mencioné, publiqué un libro llamado *You're the Worst Person in the World* [Eres la peor persona del mundo]. Escribí diez capítulos sobre lo peor de mí, esperando que mis lectores pudieran verse reflejados (y tal vez, reírse conmigo). Realmente deseaba que el hashtag *#worsties* se hiciera viral en Instagram, pero no sucedió. ¡Parece que nadie quiere celebrar ser el peor!

Pero una de las cosas que me encanta del ministerio de Pablo es la seguridad que brotaba de su humildad. Él no trataba de promocionar sus fracasos ni de llamar la atención a sus éxitos. Su seguridad no provenía de sí mismo. Esto es especialmente llamativo porque era un judío muy calificado y extremadamente celoso de la ley, según los estándares de ese tiempo (Fil. 3:4-6).

El título de la sección que leemos hoy, en mi Biblia, es «La competencia de Pablo». Cuando veo la palabra «competencia» o «competente», siento que estoy a punto de leer una enumeración de habilidades de las que alguien puede jactarse en un perfil de Linkedin©.

A quien corresponda:

Mi nombre es Pablo. La siguiente es una lista de mis habilidades y competencias:

- Inagotable ética laboral
- Profundo conocimiento de la labor organizacional
- Liderazgo sinérgico colaborativo
- Multitarea, creativo, empático
- Sobresaliente capacidad de una prolífica comunicación escrita
- Multilingüe (hebreo, arameo, griego)
- Inflexible puntualidad
- Conocimientos prácticos de Microsoft Excel©

Pero la segunda carta de Pablo a la iglesia en Corinto no dice nada parecido.

***LEE 2 CORINTIOS 3:4-6.* ¿Cómo explica Pablo que somos hechos competentes? ¿Por qué necesitamos ser competentes?**

En su carta a los efesios, Pablo explica que la salvación en Jesús es un regalo, por lo que nadie puede jactarse. Del mismo modo, en 2 Corintios, les recuerda a los miembros de la iglesia de Corinto (y a nosotras también) que no podemos jactarnos de nada, porque todo proviene de Dios.

***AHORA, LEE LOS VERSÍCULOS 7-11.* ¿Por qué asegura Pablo que la ley dada a Moisés es menos gloriosa que el ministerio del Espíritu Santo?**

En caso de que no lo hayas incluido en tu respuesta, recuerda que la diferencia más abismal entre la ley grabada en tablas de piedra y el ministerio del Espíritu Santo es que la ley nos condena a todos.

Nadie puede cumplirla perfectamente. Nadie, sino el glorioso y el santo Dios mismo.

Pablo va más lejos aún: nos revela que tenemos la posibilidad de ver en primera fila la gloria de Dios exhibida en la obra de Jesús y la presencia del Espíritu Santo con nosotras (2 Cor. 3:12-18).

¿Acaso esa vista privilegiada de la gloria de Dios no nos inspira valor? ¿No nos recuerda que Cristo la ha develado, de modo que podamos verla en todo su esplendor, como si hubiera sido quitado un velo (2 Cor. 3:16)? Realmente es así.

Ver la plenitud de la gloria de Dios nos recuerda nuestra necesidad. Nos recuerda que no podemos ser dignas por nosotras mismas. La gloria de Dios, la gloria de Su pacto, nunca se apagará. Gracias a esto, podemos mantenernos firmes y con valor, porque estamos siendo «transformados de gloria en gloria en la misma imagen» a través de Jesús.

Hablando de tatuajes testimoniales, tengo una cita bíblica tatuada en mi muñeca derecha:

«De modo que si alguno está en Cristo, nueva criatura es; las cosas viejas pasaron; he aquí todas son hechas nuevas».

2 CORINTIOS 5:17

Si pierdes de vista esto, quizás te encuentres viviendo bajo la condenación de una ley quebrantada por la cual ya has sido perdonada. Sea que te sientas libre de vergüenza o no, en realidad, si el Señor te llamo, te salvó, te justificó y pudiste colocar la fe que Él te da en Cristo, ¡ya eres libre! ¡Ya eres nueva criatura! La voluntad de Dios para ti no es la vergüenza; es la gloria. Él no quiere que te escondas; quiere hacerte como Él.

LEE 2 CORINTIOS 4:1-6. **¿Por qué no desmayamos?**

¿A qué debemos renunciar?

¿Cómo se vería en tu vida si el evangelio se hiciera más visible?

¿Sabes? Combatir la vergüenza no es ser «desvergonzada», en el sentido negativo de la palabra. Los que estamos en Cristo sabemos muy bien cuán inmerecedoras somos. Comprendemos que no podríamos estar a la altura de las normas de Dios. Reconocemos que nuestros corazones son engañosos (Jer. 17:9). Pero no tenemos por qué sentirnos avergonzadas, porque Jesús nos ha limpiado. Él no desconoce lo peor de ti; lo quitó, lo canceló y lo cambió por lo mejor de Él. Podemos revestirnos de la santidad y la justicia de Jesús. ¡Cuán grande es Su misericordia!

Concluye este día escribiendo una oración de gratitud. Pídele al Señor que ayude a tu corazón a tener un gozoso y pacífico descanso como alguien quien realmente ha sido redimida.

DÍA 4

COMBATE LA VERGÜENZA ELEVANDO LA MIRADA

2 Corintios 4:7-18; Colosenses 3:2

La abuela Marlene, alguien muy importante en mi familia, murió de neumonía agravada po el COVID. Recibí una llamada informándome que mi abuela estaba en el hospital, y mientras hablaba con mi esposo tratando de decidir si debería hacer los arreglos para volar al otro lado del país para verla, recibí una segunda llamada en la que me avisaron que su hora estaba llegando y una enfermera del hospital pudo organizar una videollamada y sostener el teléfono para que pudiera despedirme de ella. Acomodé el auto en el estacionamiento del complejo de apartamentos por el que pasaba en ese momento y, al ver su rostro en la video llamada, casi completamente tapado por una máscara de oxígeno, no pude contener el llanto.

Comencé a hacer capturas de pantalla casi frenéticamente, sin poder creer que no volvería a verla. Aún tengo todas esas fotos en mi teléfono... casi cien imágenes iguales.

Alguien, mi mamá o la enfermera, la había peinado con dos trenzas a los costados. Yo no sabía qué decir. Lo único que recuerdo que me surgió en ese instante fue: «Te amo mucho, abuelita. Tus trenzas son hermosas. Te amo. Te amo. Te amo. Gracias, Jesús, por mi abuela. Gracias, Jesús...».

Mi abuela murió unos minutos después.

Mi corazón aún sufre por su muerte, porque extraño su presencia. Pero la forma en que ella vivió me da mucha seguridad en la eternidad de la que siempre hablaba y tanto anhelaba.

Algo que ella vivía, y me enseñó, fue Colosenses 3:2: «Poned la mira en las cosas de arriba, no en las de la tierra». Ese era su secreto. De ahí provenía su constante gozo.

Las circunstancias de su vida tuvieron sus altibajos, pero ella vivía llena de gratitud. Le encantaba hablar de los árboles de su jardín y los pajaritos que se bañaban en las fuentes. Cantaba canciones a Jesús y caminaba por todas partes con radiante confianza porque su mirada estaba puesta en las cosas eternas.

Siempre bromeábamos sobre lo mucho que amaba sus «tesoros». Era coleccionista de muñecas, y visitar su casa era como ir a un museo. Pero Jesús era, clara e innegablemente, el tesoro de su alma.

Cuando leo el pasaje de hoy, escrito por Pablo bajo la inspiración del Espíritu Santo, recuerdo la vida que vivió mi abuela Marlene hasta el último instante. Quiero que tú tengas esa misma confianza radiante, ese gozo que Jesús le dio a ella.

LEE 2 CORINTIOS 4:7-18. **En el siguiente cuadro, escribe nuestra situación en cada circunstancia, según lo indica el pasaje. Responderé la primera como ayuda.**

AUNQUE ESTAMOS . . .	NO ESTAMOS . . .
Atribuladas en todo	Angustiadas
En apuros	
Perseguidas	
Derribadas	

¿Cuál de estas realidades se manifiesta más precisamente en tu vida hoy? Sea la que sea, escribe aquí abajo lo que escribiste en el cuadro y cómo se aplica a tu situación. Por ejemplo, alguien podría escribir: «Estoy atribulada en todo: No me llevo bien con mi hermano, mi auto se descompuso, perdí el ascenso que esperaba en el trabajo; pero no estoy angustiada, porque Dios es...».

AHORA, PRESTA ATENCIÓN AL V. 10. **¿Qué expresa este versículo que llevamos en nuestros cuerpos, y qué puede manifestarse en ellos también?**

El año pasado, además de la muerte de mi abuela Marlene, sufrí muchas otras tribulaciones. Enterramos a mi tío Jimmy, su hijo, que se suicidó solo dieciséis días antes. Acabábamos de mudarnos al otro lado del país, lejos de nuestros amigos, nuestra familia, nuestras amistades de confianza…, todo. Tuvimos problemas de salud física y del corazón, y toda clase de dificultades ese año. Atribuladas en todo; pero no angustiadas.

Todas vivimos bajo los efectos de la caída, ¿verdad? Vivimos en un mundo roto por el pecado, un mundo manchado por la vergüenza. Si no lo sentías antes del 2020, lo sientes ahora. Una frase que yo usaba para referirme a mí misma durante ese tiempo de pérdidas y aflicciones era «cansada del mundo». Estamos cansadas del mundo, pero nunca faltos de esperanza.

LEE LOS VERSÍCULOS 14 Y 15. **¿Qué dice Pablo que puede abundar por medio de nosotras?**

¿De dónde viene la acción de gracias al final del v. 15?

La resurrección de Jesús lo cambió todo. El castigo por nuestro pecado es la muerte, y cuando Él volvió a la vida, le mostró al mundo Su poder sobre ella. Si Dios puede resucitar de los muertos a Jesús, si Dios puede perdonar los pecados de Pablo, el perseguidor, ¿acaso no podrá perdonarte a ti? ¿Acaso no podrá sanarte de los pecados de otros contra ti? Claro que puede. Él tiene poder para crear el mundo, poder para resucitar a Jesús; y usa ese poder para amarnos. Fijar nuestra mirada en esa maravillosa realidad produce lo que el versículo 15 dice que generará: gratitud. Nos convierte en personas agradecidas. Y no podemos ser agradecidas y estar avergonzadas al mismo tiempo.

Me encanta leer Colosenses 3:2 y 2 Corintios 4:18 en paralelo. Podemos poner nuestra mirada en las cosas de arriba, concentrarnos en la eternidad, en la bondad del Señor, en lo que no se ve, porque mientras las cosas que nos producen vergüenza son temporales, el amor de nuestro todopoderoso Dios por medio de Jesús es para siempre.

Concluye tu tiempo de hoy orando y reflexionando nuevamente en 2 Corintios 4:16-18. Ora, recordándote exactamente por qué no desmayamos; por qué es que podemos quitarnos de encima la vergüenza y aferrarnos a la gratitud y a la esperanza en el poder de Dios.

DÍA 5

VERGÜENZA CONVERTIDA EN TESTIMONIO

1 Timoteo 1:12-17

En mi Biblia, el pasaje de hoy tiene un título hermoso: «El testimonio de Pablo». Ah, me encanta escuchar testimonios. Me encantan los emocionantes, como la historia de Pablo, y también los que hablan de familias fieles que pasan el evangelio a las nuevas generaciones.

Cuanto mayor me hago, más testimonios sumo yo también.

Yo fui una jovencita luchadora de 14 años que comprendió su necesidad y tomó el compromiso de seguir a Jesús. Después, la bulímica/anoréxica que fue sanada y recibió la misericordia de un Dios poderoso. También fui la mamá primeriza, llena de pánico, que quería más tranquilidad y protección que a Dios mismo, y Él me recordó Su amor por mí y mi propósito en Él.

Por último, fui una mujer cansada del mundo, demasiado agotada, triste y sufrida como para buscar al Señor; sin embargo, Él usó personas, oraciones y Su Palabra para atraerme a Él, sostenerme y darme gozo y fortaleza.

Dios está convirtiendo quebrantamiento en belleza continuamente. Él convierte la vergüenza en testimonios.

LEE 1 TIMOTEO 1:12-17. **¿Qué palabras usa Pablo para describir quién era él antes?**

¿Te identificas con alguna de esas descripciones? De ser así, escribe al respecto abajo. ¿Qué luchas tenías antes de ser transformada por Jesús? Si aún no lo conoces, ¿qué peso cargas sobre tus espaldas en estos momentos?

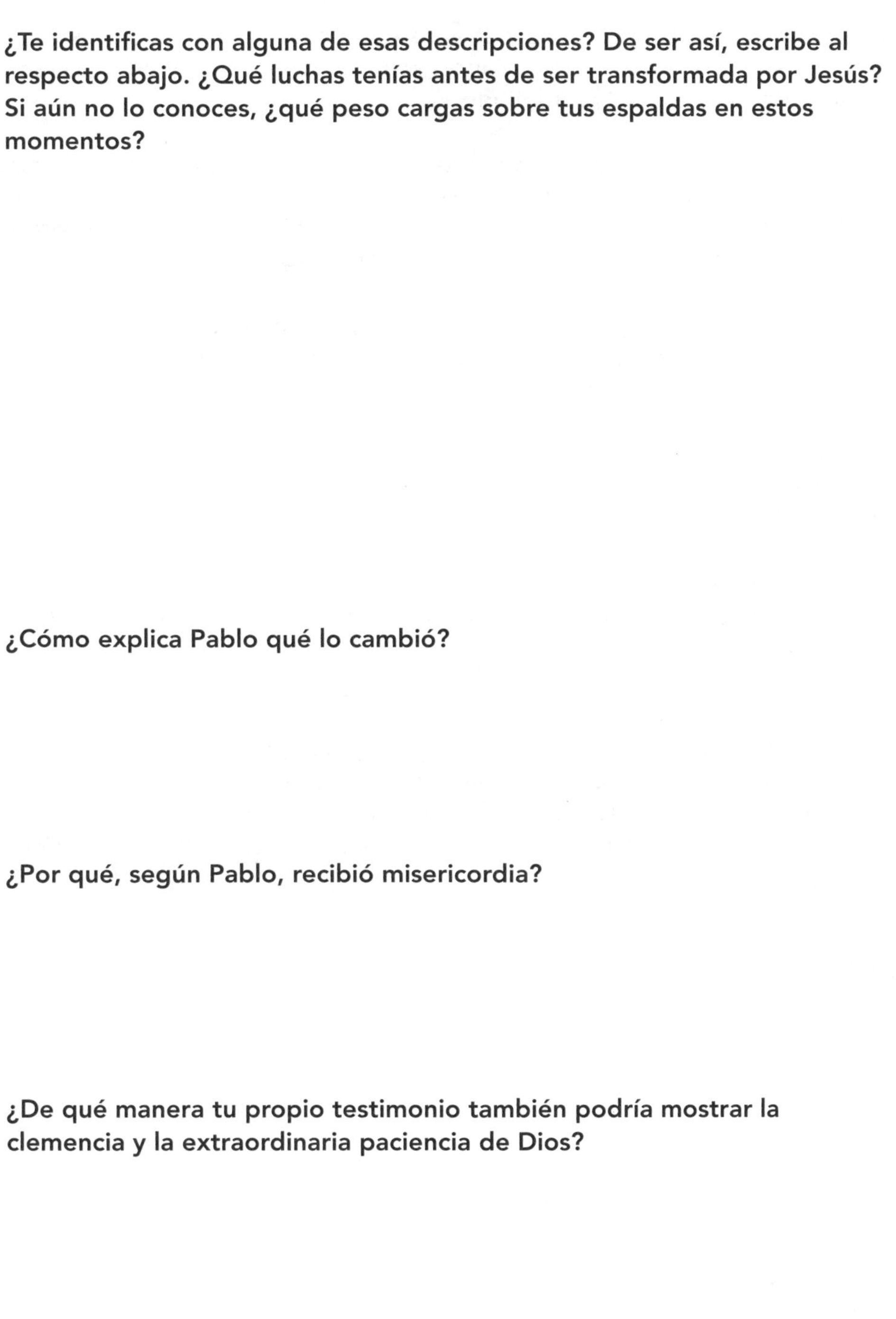

¿Cómo explica Pablo qué lo cambió?

¿Por qué, según Pablo, recibió misericordia?

¿De qué manera tu propio testimonio también podría mostrar la clemencia y la extraordinaria paciencia de Dios?

«Cristo Jesús vino al mundo para salvar a los pecadores, de los cuales yo soy el primero». Qué maravillosas palabras son estas cuando son pronunciadas de verdad. Pero ¡qué difícil es admitirlo!

Pasamos toda la vida justificando nuestros malos comportamientos y tratando de convencernos de que somos dignas, o nos distraemos para no pensar en eso; pero la realidad es que no podemos. Y es enorme el esfuerzo mental que requiere convencernos de que somos buenas personas.

Después de su encuentro con Jesús, Pablo vio claramente la verdad. Estaba físicamente ciego, pero sus ojos fueron abiertos para ver su necesidad, su debilidad, su flagrante fracaso de permitir que lo consumiera el deseo de considerarse a sí mismo justo.

Finalmente pudo ver esa enorme necesidad de Jesús en su vida, y Jesús estaba allí para llenarla.

¡Qué maravilla! Cuando logramos ser sinceras con nosotras mismas sobre nuestras debilidades, es cuando más posibilidades tenemos de ser libres.

¿Tienes un testimonio? ¿Una historia con Dios? ¿Una del tipo: «Yo antes era así, pero ahora soy así»? Trata de ponerlo en palabras en el siguiente espacio. Si eres de los que capta las cosas mejor visualmente, dibuja aquí o en la siguiente página cómo era tu vida antes de Cristo y cómo cambió al seguirlo.

VER

Escribe todas las ideas, los pensamientos, los versículos o cualquier otra cosa que quieras recordar mientras miras el video de la Sesión 5.

Para acceder a los videos de enseñanza, usa las instrucciones al final de este estudio.

COMPARTIR

Esta semana, estudiamos a Pablo y su testimonio de cómo su vida dio un giro de 180 grados. ¿Cuál es el testimonio de cambio más drástico que has escuchado?

La idea principal de esta Sesión es «Jesús se lleva lo peor de nosotras y nos hace dignas». Relata alguna ocasión en que te viste obligada a reconocer lo peor de ti.

¿Tienes a alguien como mi abuela Marlene en tu vida? ¿Alguien que, aun siendo imperfecto, te mostró o muestra cómo es vivir mirando a la eternidad? Describe a esa persona.

ORAR

Demos gracias a Dios por perdonar a pecadores como nosotras y permitirnos formar parte de la hermosa historia de amor que está escribiendo. Démosle gracias por salvar a personas como Pablo, por los testimonios de cambio de 180 grados y por los que son menos impactantes pero igualmente valiosos. Démosle gracias por lo que está haciendo en la historia personal de cada una y en nuestro grupo. Pasen el resto del tiempo en oración, juntas. Oren específicamente para que, como grupo, puedan dedicar el resto de su semana a una reflexión sobre el evangelio revelado, con un corazón *libre de vergüenza*.

NOTAS

DEL ESTUDIO BÍBLICO DE ESTA SEMANA

Repasa y memoriza el versículo:

«Palabra fiel y digna de ser recibida por todos: que Cristo Jesús vino al mundo para salvar a los pecadores, de los cuales yo soy el primero. Pero por esto fui recibido a misericordia, para que Jesucristo mostrase en mí el primero toda su clemencia, para ejemplo de los que habrían de creer en él para vida eterna».

1 TIMOTEO 1:15-16

¿ERES LÍDER DE UN GRUPO?
Encontrarás una guía gratuita en PDF para líderes, que puedes descargar, en: lifeway.com/libredeverguenza

SESIÓN 6

LA VERGÜENZA CRUCIFICADA

JESÚS EXPERIMENTÓ NUESTRA VERGÜENZA PARA QUE NOSOTRAS NO TUVIÉRAMOS QUE HACERLO

VERSÍCULO PARA MEMORIZAR

«POR TANTO, NOSOTROS TAMBIÉN, TENIENDO EN DERREDOR NUESTRO TAN GRANDE NUBE DE TESTIGOS, **DESPOJÉMONOS DE TODO PESO Y DEL PECADO QUE NOS ASEDIA,** Y CORRAMOS CON PACIENCIA LA CARRERA QUE TENEMOS POR DELANTE, **PUESTOS LOS OJOS EN JESÚS,** EL AUTOR Y CONSUMADOR DE LA FE, EL CUAL POR EL GOZO PUESTO DELANTE DE ÉL SUFRIÓ LA CRUZ, MENOSPRECIANDO EL OPROBIO, Y SE SENTÓ A LA DIESTRA DEL TRONO DE DIOS».

HEBREOS 12:1-2

(ÉNFASIS AGREGADO)

DÍA 1

SOMOS CULPABLES

Romanos 1:16–32; 3:9–24

Después de que Jesús cambió la vida de Pablo, él pasó el resto de ella viajando por todas partes guiado por el Espíritu Santo, llevando el evangelio y edificando la iglesia. No olvidemos que este es el mismo hombre que en el pasado había enviado a la cárcel a los seguidores de Jesús y, aun había aprobado su muerte. Pero Dios tomó su celo y lo redirigió. Tomó el pecado de Pablo y lo perdonó.

Pablo tenía muchos pecados y fracasos para recordar; sin embargo, predicaba la buena noticia de Jesús con confianza. Él recordaba su pasado, así que no estaba confiado en sí mismo; confiaba en su Salvador.

LEE ROMANOS 1:16-17. **¿De qué no se avergonzaba Pablo?**

¿Alguna vez te has sentido avergonzada del evangelio, o sentiste vergüenza de compartir tu fe? ¿Por qué crees que sucede eso?

AHORA, LEE ROMANOS 1:18-25. **¿Qué revelan estos versículos sobre nuestra culpa?**

Quizás no sea el pasaje más alentador..., pero es crucial y verdadero.

Cuando nos enfrentamos al evangelio, vemos que somos culpables. Merecemos la ira de Dios. No tenemos excusa porque, como dice este pasaje de Romanos, muchas veces también fuimos desagradecidas, anduvimos en tinieblas, adoramos cosas que no eran Dios. Y eso significa que en muchos sentidos, la vergüenza que sentimos no es infundada sino producto de nuestro pecado. Pero esto solo hace que sea más maravilloso cuando Dios la quita.

***LEE ROMANOS 1:26-32.* ¿Qué te llama más la atención aquí? Escribe la maldad o el pecado que lees en esta lista y con cuál de ellas luchas actualmente en tu corazón.**

Es doloroso leer esta lista. Puedo decir sin dudar que me siento identificada con algunas de estas cosas. Fuimos creadas para adorar, y si no adoramos a Aquel que es digno, nos adoraremos a nosotras mismas. Esa larga lista nos lleva a analizar si existen esos comportamientos en nosotras, que inevitablemente acaban en culpa y vergüenza.

***AHORA, LEE ROMANOS 3:9-20.* Según este pasaje, ¿quién puede ser justificado por las obras de la ley?**

¿Alguna vez creiste o viviste como si pudieras ser justificada por tus propias obras? ¿Cómo se manifestaba eso en tu vida?

***LEE ROMANOS 3:21-24.* Sé sincera: ¿habías leído el v. 24 anteriormente?**

Te lo pregunto porque Romanos 3:23 es un versículo clave en la fe cristiana. Yo probablemente podría haber recitado «todos pecaron, y están destituidos de la gloria de Dios» antes de entender lo que significaba alguna de esas palabras. Como suele suceder entre los cristianos, si no estudias la Biblia, te encontrarás memorizando mitades de frases y dejando afuera la parte más importante, la que puede cambiarte la vida.

VUELVE A LEER ROMANOS 3:23-24. **¿Qué buena noticia encontramos en el v. 24?**

¡Somos justificadas! En Cristo somos declaradas sin pecado delante de Dios. No por seguir la ley. No por ser hermosas, superinteligentes o supersimpáticas, o por tener una película de vergüenza realmente muy corta. Somos justificadas por la gracia de Dios por medio de la redención que es en Cristo Jesús.

Hoy, ora para que el Señor te guarde de vivir para la Ley, adorarte a ti misma y a tu propia voluntad. Pídele que te inunde con el conocimiento y el gozo de que eres justificada. No tienes por qué vivir avergonzada por tus pecados pasados, ni avergonzada del evangelio.

DÍA 2

INVITADAS ESPECIALES DE AVENTURAS EN ODISEA

Romanos 5:1–11; 6:1–2

Mi hija mayor, Ever, es una fiel y frecuente oyente de un programa de radio de Enfoque a la Familia llamado *Adventures in Odyssey*© (Aventuras en Odisea), que se emite hace casi 40 años.

Recuerdo que yo también escuchaba ese programa cuando era una niña. A veces, en mi escuela cristiana, veíamos las historietas de Aventuras en Odisea. ¡Pero, actualmente, es algo mucho más grande!

Existe algo que se llama AIO Club (siglas en inglés), y es una aplicación que tiene los más de 800 episodios del programa, con devocionales, páginas con dibujos de admiradores e insignias que puedes ganar después de escuchar un montón de episodios. Hasta envían una revista mensual.

Mi hija Ever, cuando hace algo, lo hace a fondo. Es una FIEL miembro del AIO Club. Escucha los episodios mientras hace manualidades en su tiempo libre, ha creado dibujos que se ha incluido luego en la aplicación, etc. Está obsesionada. Y yo pienso que, si tiene que obsesionarse con algo, mejor que sea con esto, que es bastante sano.

Me enteré de que Odisea no es solo un programa de radio, sino que han diseñado un lugar que los niños pueden visitar y que cuenta con un tobogán de tres niveles, un estudio de grabación donde pueden grabar un episodio breve para llevarse a casa, un restaurante como el del programa (con la mundialmente famosa soda de chocolate en el menú) y todo lo demás.

Por lo tanto, te imaginarás mi desesperación por llevar a mis hijas cuando me anunciaron que había sido invitada a un programa de Enfoque a la Familia para hablar de uno de mis libros. Claro está, las llevé. Fueron a la «experiencia Odisea» y les hicieron un recorrido especial, personalizado, por el estudio. Mi hija de 11 años hasta pudo darle una idea para un episodio a uno de los escritores. (Si alguna vez escuchas hablar de un nuevo personaje que es un conejo con cabeza de león llamado Puffy, ya sabes de dónde salió esa idea).

Ese día, en Colorado Springs, mi hija tuvo especial y exclusivo acceso a una de las cosas que más le gustan en el mundo.

¡Estaba tan maravillada!, aunque no había hecho nada para ganarlo. No había ganado una competencia por ser la mejor fan. Tal vez algún día llegue a ser la que más insignias de AIO tiene, pero aún no. Disfrutó con todo de Odisea, no porque sea una niña especial, sino porque es mi hija, y yo tenía que ir a Odisea por trabajo.

Eso es lo que nos sucede a nosotras, pero en una escala infinita, cuando nos convertimos en hijas del Creador de todo. Tenemos acceso al reino de Dios, no porque seamos maravillosas personas, sino porque somos Sus hijas.

LEE ROMANOS 5:1-5. **¿Por qué tenemos paz con Dios?**

En el v. 2, ¿a qué (o a quién, mejor dicho) nos da acceso nuestra fe?

Gracias a todo esto, podemos «gloriarnos» en nuestras aflicciones. ¿Por qué?

Ser hija de Dios significa que tenemos acceso a Él, a Su reino, a Su amistad. Es mejor que una soda de chocolate y un nuevo episodio cada jueves, y que conocer a los escritores detrás de escena. Tener acceso a Dios es tener paz, esperanza, plenitud. Tener acceso a Dios significa ser libre de dolor, pecado y vergüenza. Esto es para ti, hijo o hija de Dios: Él es para ti. Como escribe Pablo en el v. 5, nuestra esperanza no nos avergüenza ni nos decepciona, porque Dios es más que algo o alguien genial; Él ES amor, y derrama ese amor en nuestro corazón por medio del Espíritu Santo.

CONTINÚA, LEYENDO LOS VV. 6-11. **¿Cuándo murió Cristo por los impíos?**

¿Qué significa para los cristianos que Cristo haya muerto por nosotros mientras aún éramos pecadores?

Dios no esperó a que nos ganáramos la dignidad. No esperó hasta la semana próxima, cuando hayamos arreglado nuestra vida. No miró a Su alrededor y dijo: «Sí, ahora todos son suficientemente buenos como para que yo envíe a Jesús». Cristo murió por nosotros mientras aún éramos pecadores; mientras aún cargábamos con nuestra vergüenza, culpa, impiedad, e indignidad.

¿En qué, según el v. 11, nos gloriamos?

Gloriarnos en nuestras aflicciones y gloriarnos en Dios pueden parecer cosas diferentes, al principio. ¿Cómo podemos gloriarnos en ambos?

Cuando nos gloriamos en nuestras aflicciones, lo hacemos porque sabemos que Dios las utiliza para refinarnos. Y, como aprendimos la semana pasada, sabemos que gracias a Jesús, no seremos aplastadas por ellas. En cambio, ellas producirán esperanza en nosotras. Gloriarnos en esa esperanza es gloriarnos en Dios, Aquel que hace todas las cosas nuevas, quien es nuestra esperanza.

LEE ROMANOS 6:1-2. **¿Qué pregunta formula y responde Pablo en estos versículos?**

¡Qué gran regalo constituye el perdón de nuestros pecados y la derrota de nuestra vergüenza! Pero Pablo nos recuerda aquí que no vivamos como si no importara lo que hagamos una vez que estamos en Cristo. Somos libres de vergüenza, y por eso, podemos esforzarnos para la gloria de Dios, no por ganar algo, sino porque lo amamos; y nuestra obediencia, nuestro deseo de rectitud, lo reflejan.

¿Comienzas a verlo? ¿Comienzas a notar cómo aquello que te provoca vergüenza se encoge a la luz de este regalo? Sea lo que sea, no puede compararse con la autoridad de Dios. Y Dios dice que ha desaparecido. Así que no nos gloriamos en nuestra capacidad para evitar las cosas malas que nos hacen sentir vergüenza. Nos gloriamos en Dios, quien hizo que ya no fuéramos avergonzadas. En cambio, nos ha hecho suyas.

Hoy, ora a Dios confiando que Él te escucha y te entiende. Si has recibido la salvacion por medio de Cristo, ¡Dios es tu amigo! No tienes por qué evitarlo cuando fallas. Puedes llevar todo lo que eres y todo lo que has hecho ante Él, sabiendo, con seguridad y confianza, que Él puede manejarlo; de hecho, ya lo ha solucionado. Habla con Él con la certeza de que no te apartará, ni te dejará fuera, ni te humillará.

DÍA 3

LA SOLUCIÓN

Romanos 8:1–11

Hace muchos años, la Asociación Bautista del Sur en Miami, Florida, donó algunos terrenos para levantar un hospital llamado «Hospital Bautista». Aparentemente, esa donación incluía una cláusula que establecía que los pastores bautistas no tendrían que pagar por recibir atención médica allí.

Décadas después de esa transacción, yo tuve un bebé en ese hospital. El costo del parto eran unos quince mil dólares. Para mi esposo y para mí en ese momento, bien podrían haber sido quince millones; de una forma u otra no podíamos pagarlo. No recuerdo el monto exacto, y el motivo por el cual no lo recuerdo es que uno de los pastores con quien trabajaba mi esposo nos dijo: «Llama al hospital bautista, pide que te comuniquen con la sección de facturación, y diles que eres pastor bautista para que te borren la deuda».

No podíamos creerlo, pero llamamos. Les dijimos que debíamos miles de dólares, que Brandon era un pastor bautista del sur, y les pedimos que perdonaran nuestra deuda. Después de aproximadamente 30 segundos, nos respondieron: «Bien, su cuenta ha quedado en cero».

Si has aceptado la obra de Jesús en tu lugar, eso es lo que sucede con la deuda de tu pecado y tu vergüenza. Solo pide que tu cuenta quede en cero: «Dios, ahora sé que Jesús ya cargó con el castigo por mi pecado y que ya ha cancelado mi vergüenza; ¿por tu gracia me perdonas?». Y la respuesta siempre es «Sí», porque la obra ya está hecha.

Esa llamada telefónica nos dejó tan maravillados que aún hoy la recordamos, porque entendimos que era una deuda muy abultada. Y no podemos comprender todos los beneficios que tenemos de parte de Dios si no entendemos nuestra culpa y no sabemos cómo dejarla en Sus manos.

LEE ROMANOS 8:1-4. Si eres una nueva cristiana, son muchas palabras raras, un lenguaje potencialmente confuso. Lo sé. No pretendo confundirte.

Lee los primeros cuatro versículos en cualquier traducción de la Biblia que estés usando y escribe lo que más te llama la atención aquí abajo.

Este es el mismo pasaje en una traducción que quizás sea más fácil de entender:

> ***No hay condenación para los que creen***
>
> *1 Por tanto, ahora no hay condenación para los que están*
> *en Cristo Jesús, los que no andan conforme a la carne sino*
> *conforme al Espíritu. 2 Porque la ley del Espíritu de vida*
> *en Cristo Jesús te ha libertado de la ley del pecado y de la*
> *muerte.*
>
> *3 Pues lo que la ley no pudo hacer, ya que era débil por*
> *causa de la carne, Dios lo hizo: enviando a Su propio Hijo en*
> *semejanza de carne de pecado y como ofrenda por el pecado,*
> *condenó al pecado en la carne, 4 para que el requisito de la*
> *ley se cumpliera en nosotros, que no andamos conforme a la*
> *carne, sino conforme al Espíritu.*
>
> ROMANOS 8:1-4, NBLA

No sé griego ni hebreo (no te preocupes, los editores de este estudio sí), por lo que me encanta leer un mismo pasaje en varias traducciones. (Tú también puedes hacerlo gratis en línea, en biblegateway.com, blueletterbible.org o biblehub.com).

Ver lo mismo dicho de una manera distinta generalmente me ayuda a comprenderlo mejor. La ley era como una curita sobre una herida, pero Jesucristo nos sana desde lo profundo. Aunque redoblemos nuestros esfuerzos, no podremos cambiar lo malo que hemos hecho. Lo que nos hace nuevas es vivir en el Espíritu. ¡Qué hermoso!

La «ley», en este caso, se refiere a la ley que Dios le dio a Moisés en el Antiguo Testamento. Los judíos aún buscaban en la ley la salvación y las instrucciones para vivir de manera justa. Jesús vino a cumplirla por nosotras (Mat. 5:17). Hoy en día, no solemos pensar en la ley de Moisés, pero muchas veces tratamos de vivir según nuestro propio conjunto de reglas, ya sean las leyes del gobierno, lo que nosotras consideramos que son las normas para ser buenas cristianas o un conjunto de exigencias que hemos creado en nuestra propia mente para vivir de manera justa.

¿Cómo ha sido tratar de vivir según la ley en tu propia vida?

¿Cuándo te diste cuenta de que no podías lograrlo?

LEE ROMANOS 8:5-11. **¿Cuál es la mentalidad del Espíritu?**

¡Qué esperanza! Ya no estamos en la carne, si hemos tomado la decisión de seguir a Cristo. Tenemos vida y paz. Aunque nuestro cuerpo aún experimentará la muerte aquí en la tierra, contamos con la resurrección futura como motivo de esperanza y con una vida abundante para vivir en el tiempo presente (Juan 10:10).

Menciona las principales formas en que has comenzado a vivir según el Espíritu Santo, quien te está transformando.

Hoy, ora para que Dios te ayude a caminar y disfrutar la vida en Su Espíritu. Pídele que te ayude a dejar de esforzarte por tratar de ser buena con tus propias fuerzas. Pídele que perdone tus errores y te convierta en una adoradora Suya, con más gozo y llena de paz por Su gracia.

DÍA 4

TRANQUILIDAD PARA NOSOTRAS, LAS HIJITAS.

1 Juan 2:28-29; 3:1-24

Mi forma de ver la segunda venida de Cristo cambió cuando me convertí en mamá. Lo que quiero decir es esto: Hoy, estoy terminando el primer boceto de este estudio. Mi hija menor ha estado aprendiendo a tejer una bufanda. No es una bufanda perfecta, pero lo ha hecho increíblemente bien para ser su primer intento. Verla con la bufanda puesta es sencillamente adorable. Y esta tarde, lo único que yo deseaba en el mundo era que ella tuviera éxito en su primer intento de tejido; porque su tristeza es mi tristeza. Sus frustraciones son mis frustraciones. Su dolor me hace sufrir. Nunca podría ver a mi pequeña tejer, deseando que le saliera mal. Solo espero lo mejor para ella. Quiero verla florecer. Deseo verla alegre. Anhelo verla tejer con el poder de mil abuelas. Por eso, jamás, nunca, desearía que ella fallara. Yo no la veo hacer cosas esperando que aparezca la oportunidad para criticarla. La amo. Es mi hija. Y yo soy una madre imperfecta. Soy una imperfecta criadora de tejedoras.

Pero nuestro Dios es un Padre PERFECTO. Así que, por favor, permite que esto se grabe en tu corazón: Dios no está esperando que fracases. No está esperando verte pecar justo antes de que Él regrese. Cuando Él regrese en las nubes, no será gritando con voz de trueno: «¡Ja! ¡Te atrapé!» a todos Sus seguidores quienes han fallado en el último momento. Él no está en el cielo esperando que arruines la bufanda justo antes de hacer sonar la trompeta y regresar para avergonzarte. Tu tristeza es Su tristeza. Tu dolor no pasa inadvertido. Dios cuida de los quebrantados de corazón (Sal. 34:18).

Él nos ama. Somos Sus hijas. Por eso me encanta cómo Juan llama a sus lectores «hijitos» en su carta. Sí, Dios tiene derecho a juzgar todo el mal y todas las fallas del mundo, y lo hará. Pero el juez es nuestro Padre. Somos Sus hijitas. Él quiere nuestro bienestar, siempre. ¡Qué maravilloso!

***LEE 1 JUAN 2:28-29.* Según estos versículos, ¿qué deberíamos estar haciendo para no ser «avergonzadas» cuando Cristo regrese?**

LEE 1 JUAN 3:1-3. **¿Cuál es la muestra del gran amor de Dios, según el versículo 1?**

¿Qué sabemos sobre todos los que tienen esta esperanza en Dios, según el versículo 3?

Las que somos hijas de Dios, somos puras. ¡Puras! No importa cuán sucia haya sido tu vida, no importa cuán oscura, cuánto te hayas alejado de Dios. No importa lo que recuerdes de tu pasado. Si eres hija suya, te purifica como Él es puro.

LEE 1 JUAN 3:4-10. **¿Te resultan confusos o contradictorios estos versículos, teniendo en cuenta lo que leíste algunos versículos atrás? Explícalo.**

Estos versículos pueden ser confusos para ti si has sido o eres una persona que trabaja duro para conseguir algo, como yo. Recuerdo que me sentía confundida y ansiosa al leer lo que Jesús o Sus discípulos escribían sobre cómo debemos vivir los hijos de Dios. ¡No voy a arruinarlo! ¡Ya lo arruiné!

Pero tienes que recordar el mensaje general del evangelio, donde no podemos ganar y no hemos ganado la pureza que tenemos. Fue un regalo, gratuito, y gracias a que fuimos tan amadas, tan perdonadas y tan bendecidas, el Espíritu de Dios nos cambia y nos hace más santas.

Mi esposo ha predicado muchas veces: «Si lees la Palabra de Dios y no sientes esperanza, sigue leyendo».

De modo que... sigamos leyendo. *LEE 1 JUAN 3:11-24.* ¿Qué nos insta a hacer Juan a los «hijitos» en el versículo 18?

Nuestras buenas obras son una señal de que somos salvas, no el medio para lograrlo. Juan insta a los creyentes a vivir en la práctica nuestra posición en Jesús; pero no como los líderes religiosos judíos de ese tiempo que conocían la ley de memoria, pero no la vivían. No. Los verdaderos creyentes aman «de hecho y en verdad». Es una consecuencia de nuestra conversión. Es resultado del amor de Dios por nosotros. Sigamos leyendo.

***COPIA 1 JUAN 3:19-20* con letra grande en el siguiente espacio. Subraya lo que sucederá con nuestros corazones.**

Voy a escribirlo y subrayarlo a continuación:

Y en esto conocemos que somos de la verdad, y aseguraremos nuestros corazones delante de él; pues si nuestro corazón nos reprende, mayor que nuestro corazón es Dios, y él sabe todas las cosas.

No sé tú, pero cuando yo estoy luchando contra la vergüenza, lo que más anhelo es que me den seguridad. Quiero saber que estoy bien. Quiero saber que la vergüenza con la que estoy luchando hoy no me condena.

Entonces, ¿cómo podemos obtener esa seguridad? Está aquí, lo escribiste tú misma arriba. DIOS ES MÁS GRANDE QUE NUESTRO CORAZÓN. Cuando tu corazón te condena, Dios te reafirma: «...ninguna condenación hay para los que están en Cristo Jesús» (Rom. 8:1).

¿Quién es más grande? Fácil. Dios es más grande que tu corazón. Es más grande que tus recuerdos, tu vergüenza, tu autocondenación. Él quiere interrumpir la película de tu vergüenza con un comercial de Jesús diciéndote: «Consumado es» (Juan 19:30). Dios siempre es más grande que tu corazón. Y cuando más reflexiones sobre esto, más reflejará tu vida a Jesús; y cuando eso suceda, verás, sabrás, tendrás la seguridad de que eres hija de Dios.

Considera la posibilidad de escribir estos versículos en una tarjeta o una notita autoadhesiva y pegarla en cualquier lugar donde suela comenzar a proyectarse la película de tu vergüenza en tu mente (el espejo, el panel del auto, sobre el fregadero de la cocina, por ejemplo) como recordatorio de que Dios es más grande.

LEE 1 JUAN 3:21-24. **¿Qué se nos ordena hacer?**

Concluye este día reflexionando sobre cómo sería obedecer a Dios hoy en tu vida. Caminar con Jesús lleva a la obediencia. La obediencia produce gozo y seguridad. No hay lugar para la vergüenza cuando estás llena de gozo.

DÍA 5

EN MEDIO DE UNA NUBE DE JUSTOS

Hebreos 11:32–12:3

LEE HEBREOS 11:32-40. **¿Reconoces alguno de esos nombres bíblicos del Antiguo Testamento? ¿Qué recuerdas sobre ellos, además de lo que se menciona en estos versículos?**

¿Mediante qué alcanzaron buen testimonio estas personas, según el v. 39?

Cuando era niña, yo escuchaba las historias bíblicas de estas personas y las consideraba héroes y heroínas. Pero, si realmente lees sus historias, te darás cuenta de que también tuvieron grandes fallas; mucho de qué avergonzarse. El primero de la lista es Gedeón. Generalmente, dejamos de hablar de él después de que Dios lo usa para derrotar a los madianitas. Pero ¿sabes cómo termina su historia? Lee Jueces 8:27:

> *Y Gedeón hizo de ellos un efod, el cual hizo guardar en su ciudad de Ofra; y todo Israel se prostituyó tras de ese efod en aquel lugar; y fue tropezadero a Gedeón y a su casa.*

Gedeón logró rescatar al pueblo de Dios, pero después, su vida terminó vergonzosamente, «Y no se acordaron los hijos de Israel de Jehová su Dios, que los había librado de todos sus enemigos en derredor» (v. 34). Esto no es solo el fin de la película de la vergüenza de Gedeón; es el final de la película de su vida.

David, quinto en la lista, fue un adúltero que mandó asesinar a un hombre. Pero, claro, también derrotó a un gigante con el poder de Dios y ganó victorias para Su pueblo.

El «Salón de la fama de la Fe» está lleno de héroes con fallas. ¡Qué alivio! ¿Verdad? Podemos ser tremendamente usadas por Dios, aunque fallemos. Los momentos de vergüenza no nos descalifican. La perfección de Jesús nos califica.

Y esa es la increíble realidad que disfrutamos en Jesús. Gracias a Él, podemos tener un impacto poderoso en este mundo. No tenemos que salvar al mundo, porque Él ya lo ha hecho. Jesús es suficientemente poderoso como para hacer que logremos un enorme impacto, y también para cubrir terribles fracasos. Nuestra aprobación está basada en el Objeto de nuestra fe, no en nuestro impecable comportamiento.

LEE HEBREOS 12:1-3. **El escritor de Hebreos nos insta a realizar algunas acciones, en vista de esta «gran nube de testigos» sobre la que escribió en el capítulo 11. ¿Qué dice que hagamos? Completa estas frases:**

Debemos despojarnos de... ________________________________

Debemos correr con...________________________________

Debemos poner nuestros ojos en...________________________________

Ahora, hazlo personal. ¿Cómo sería hacer estas tres cosas, de manera práctica, en tu vida?

¿Cómo te alienta tener esta nube de testigos (héroes y fracasados) rodeándote?

¿Tienes alguna «nube de testigos» en la actualidad? ¿Tienes amigas que caminan contigo, que te alientan y te señalan a Jesús? De no ser así, ¿qué podrías hacer esta semana para comenzar a formar esa nube de testigos?

¿Cómo podrías tú también guiar a otras hacia Jesús mientras caminas junto a ellas?

Jesús es el autor y consumador de nuestra fe. Él cargó tu vergüenza, sufrió tu castigo, y venció. Ahora está a la diestra de Dios (Rom. 8:34) preparando un lugar para ti (Juan 14:2).

> *Tu vergüenza fue crucificada cuando Jesús fue crucificado. Está consumado, terminado. Nuestra esperanza quedó firme cuando Él resucitó de los muertos. ¡Aleluya! No tenemos razones para vivir con vergüenza. Somos perdonadas.*

VER

Escribe todas las ideas, los pensamientos, los versículos o cualquier otra cosa que quieras recordar mientras mires el video de la Sesión 6.

Para acceder a los videos de enseñanza, usa las instrucciones al final de este estudio.

COMPARTIR

Escribe todas las ideas, los pensamientos, los versículos o cualquier otra cosa que quieras recordar mientras ves el video de la Sesión 6.

COMPARTIR

Esta semana estudiamos la vergüenza y por qué no tenemos que vivir esclavizadas por ella. Los escritores del Nuevo Testamento, inspirados por el Espíritu Santo, nos recordaron que somos justificadas, puras y justas gracias a la fe que Dios ha provisto en nuestro corazón hacia Jesús. ¿Te resulta difícil comprender o recordar este concepto? ¿Por qué sí, o por qué no?

La idea principal de esta Sesión es «Jesús experimentó nuestra vergüenza para que nosotras no tengamos que hacerlo». Dediquen unos minutos a conversar sobre lo que esto significa y por qué es importante para nosotras hoy.

En el Día 5, personalizamos el pasaje de Hebreos 12:1-3. ¿Cómo podrías vivir personalmente estos versículos en la práctica, y cómo podrían hacerlo como grupo?

¿Qué es lo más importante que te ha dejado este estudio durante las últimas seis semanas?

ORAR

Demos gracias a Dios por Su Palabra y Su poder que combaten la vergüenza. Pídele que continúe la buena obra que ha hecho en ti y en tu grupo mientras continúan caminando con Él.

DEL ESTUDIO BÍBLICO DE ESTA SEMANA

Repasa y memoriza el versículo:

«Por tanto, nosotros también, teniendo en derredor nuestro tan grande nube de testigos, despojémonos de todo peso y del pecado que nos asedia, y corramos con paciencia la carrera que tenemos por delante, puestos los ojos en Jesús, el autor y consumador de la fe, el cual por el gozo puesto delante de él sufrió la cruz, menospreciando el oprobio, y se sentó a la diestra del trono de Dios».

HEBREOS 12:1-2

¿ERES LÍDER DE UN GRUPO?
Encontrarás una guía gratuita en PDF para líderes, que puedes descargar, en: lifeway.com/libredeverguenza

APÉNDICE

CÓMO EMPEZAR A SER REALMENTE CRISTIANA

Romanos 10:17 dice: «Así que la fe es por el oír, y el oír, por la palabra de Dios».

Quizás en este estudio encontraste algo nuevo. Tal vez asististe a la iglesia durante toda tu vida, pero algo que leíste aquí te impactó como nunca antes. O probablemente estás agotada de luchar contra la vergüenza, y estás buscando el descanso y la paz que solo pueden obtenerse echando todas nuestras ansiedades sobre Jesús, que cuida de nosotras. Si no te has arrepentido de tu pecado, entendido el evangelio y pedido en oración que la obra de Cristo sea aplicada en tu vida, pero en tu corazón sabes que necesitas y quieres hacerlo, lee lo que sigue para descubrir cómo puedes orar por salvación para tu alma.

Tu corazón tiende a huir de Dios y rebelarse contra Él. La Biblia afirma que eso es pecado. Romanos 3:23 dice: «... por cuanto todos pecaron, y están destituidos de la gloria de Dios».

Pero Dios te ama y quiere salvarte del pecado, ofrecerte una nueva vida llena de esperanza. En Juan 10:10b, Jesús expresa: «...yo he venido para que tengan vida, y para que la tengan en abundancia».

Para regalarte esta salvación, Dios abrió un camino por medio de Su Hijo, Jesucristo. Romanos 5:8 declara: «Mas Dios muestra su amor para con nosotros, en que siendo aún pecadores, Cristo murió por nosotros».

Este regalo se recibe solo por fe. Efesios 2:8-9 explica: «Porque por gracia sois salvos por medio de la fe; y esto no de vosotros, pues es don de Dios; no por obras, para que nadie se gloríe».

La fe es provista por el Señor, que se muestra en una decisión genuina en tu corazón y se ve diariamente en la forma en que vives. Romanos 10:9 dice: «... si confesares con tu boca que Jesús es el Señor, y creyeres en tu corazón que Dios le levantó de los muertos, serás salvo».

Si confías en que Jesús murió por tus pecados y quieres recibir una vida nueva por medio de Él, haz una oración similar a la que sigue para expresar tu arrepentimiento y tu fe en Él.

«Querido Dios: Entiendo que soy una pecadora y creo que Jesús murió para perdonar mis pecados. Necesito la vida eterna que me ofreces. Gracias por proveerme perdón y una nueva vida. Permíteme seguirte desde hoy».

Si has confiado en Jesús para tu salvación, por favor, cuéntale al líder de tu grupo o a una amiga madura en la fe. Si aún no asistes a una iglesia, busca una en que puedas adorar a Dios y crecer en tu fe junto a otros. Siguiendo el ejemplo de Cristo, pide ser bautizada como expresión pública de tu fe.

LOS VERSÍCULOS FAVORITOS DE SCARLET PARA COMBATIR LA VERGÜENZA

Muchos de estos versículos son tomados de lo que has estudiado en las últimas semanas, así que ya conoces parte del contexto. Si un versículo es nuevo para ti (o si lo has oído antes), te animo a leer el contexto que lo rodea. De esa manera, podrás entender mejor qué significa. ¡Es la Palabra de Dios! Ponla en tu bolsillo. Pégala en un espejo. Colócala en los rostros de tus hijos. De verdad, estas palabras tienen poder y son nuestra forma de luchar.

«Mas tú, Jehová, eres escudo alrededor de mí;
Mi gloria, y el que levanta mi cabeza».

SALMO 3:3

«Busqué a Jehová, y él me oyó,
Y me libró de todos mis temores.
Los que miraron a él fueron alumbrados,
Y sus rostros no fueron avergonzados»

SALMO 34:4-5

«Cuanto está lejos el oriente del occidente,
Hizo alejar de nosotros nuestras rebeliones».

SALMO 103:12

«Porque Jehová el Señor me ayudará,
por tanto no me avergoncé;
por eso puse mi rostro como un pedernal,
y sé que no seré avergonzado».

ISAÍAS 50:7

*«No temas, pues no serás confundida;
y no te avergüences, porque no serás afrentada,
sino que te olvidarás de la vergüenza de tu juventud,
y de la afrenta de tu viudez no tendrás más memoria.
Porque tu marido es tu Hacedor; Jehová de los ejércitos
es su nombre; y tu Redentor, el Santo de Israel;
Dios de toda la tierra será llamado. Porque como a
mujer abandonada y triste de espíritu te llamó Jehová,
y como a la esposa de la juventud que es repudiada,
dijo el Dios tuyo: Por un breve momento te abandoné,
pero te recogeré con grandes misericordias.
Con un poco de ira escondí mi rostro de ti por
un momento; pero con misericordia eterna
tendré compasión de ti, dijo Jehová tu Redentor».*

ISAÍAS 54:4-8

*«En lugar de vuestra doble confusión y
de vuestra deshonra, os alabarán en sus heredades;
por lo cual en sus tierras poseerán doble honra,
y tendrán perpetuo gozo».*

ISAÍAS 61:7

*«Él volverá a tener misericordia de nosotros; sepultará nuestras iniquidades,
y echará en lo profundo del mar todos nuestros pecados».*

MIQUEAS 7:19

*«Ahora, pues, ninguna condenación hay para los que están en Cristo Jesús,
los que no andan conforme a la carne, sino conforme al Espíritu».*

ROMANOS 8:1

«Pues la Escritura dice: Todo aquel que en él
creyere, no será avergonzado».

ROMANOS 10:11

«Porque la tristeza que es según Dios produce arrepentimiento para salvación, de que no hay que arrepentirse; pero la tristeza del mundo produce muerte».

2 CORINTIOS 7:10

«... ¿cuánto más la sangre de Cristo, el cual mediante el Espíritu eterno se ofreció a sí mismo sin mancha a Dios, limpiará vuestras conciencias de obras muertas para que sirváis al Dios vivo?».

HEBREOS 9:14

«... acerquémonos con corazón sincero, en plena certidumbre de fe, purificados los corazones de mala conciencia, y lavados los cuerpos con agua pura».

HEBREOS 10:22

«... puestos los ojos en Jesús, el autor y consumador de la fe, el cual por el gozo puesto delante de él sufrió la cruz, menospreciando el oprobio, y se sentó a la diestra del trono de Dios».

HEBREOS 12:2

«... pero si alguno padece como cristiano, no se avergüence, sino glorifique a Dios por ello».

1 PEDRO 4:16

NOTAS

NOTAS

NOTAS

NOTAS FINALES

SESIÓN 2

1. Strong's H5771: aôn, Blue Letter Bible, consultado el 22 de mayo de 2023, https://www.blueletterbible.org/lexicon/h5771/csb/wlc/0-1/.
2. Andrew M. Davis, *Exalting Jesus in Isaiah* (Nashville, TN: Holman Reference, 2017), p. 41.
3. J. R. R. Tolkien, *The Return of the King* (New York: Harper Collins, 1967), p. 283.
4. A. W. Tozer, *The Knowledge of the Holy* (New York: HarperOne, 1961), p. 70. Disponible en español: *El Conocimiento del Dios Santo*

SESIÓN 3

1. D. A. Carson, *The Gospel According to Juan, The Pillar New Testament Commentary* (Leicester, England; Grand Rapids, MI: Inter-Varsity Press; W.B. Eerdmans, 1991), p. 216.

SESIÓN 4

1. Thabiti Anyabwile, *Christ-Centered Exposition Commentary: Exalting Jesus in Lucas* (Nashville: B&H Publishing Group, 2018).
2. A. Boyd Luter, "Gálatas," in *CSB Study Bible: Notes*, ed. Edwin A. Blum and Trevin Wax (Nashville, TN: Holman Bible Publishers, 2017), p. 1860.
3. Edward T. Welch, *When People are Big and God is Small* (Phillipsburg, New Jersey: P & R Publishing, 2023), cap. 1. Disponible en español: *Cuando la gente es grande y Dios es pequeño*
4. Ashley Hamer, "Here's Why Smells Trigger Such Vivid Memories," *Discovery*, 1 de agosto de 2019, https://www.discovery.com/science/Why-Smells-Trigger-Such-Vivid-Memories.
5. Timoteo Keller, *The Reason for God* (New York: Penguin Books, 2008), cap. 11. Disponible en español: *¿Es razonable creer en Dios?* (B&H, 2017)

¡SEAMOS AMIGAS!

BLOG

Estamos aquí para ayudarte a crecer en la fe, en tu liderazgo y a encontrar apoyo en el camino.

lifewaymujeres.com

REDES SOCIALES

Encuentra inspiración en los momentos pequeños de la vida.

@lifeway_mujeres

NOTICIAS

Recibe información, nuestro plan de oración familiar, recursos, anuncios de eventos y más.

lifewaymujeres.com

NUEVOS RECURSOS

En la página web encuentra varios Estudios Bíblicos y libros para mujeres. Aprovecha de las ofertas que tenemos para ti.

lifeway.com/espanol/mujer

Lifeway mujeres

Aprovecha al máximo tu estudio

EN ESTE ESTUDIO PODRÁS:

- Adquirir una perspectiva sobre las causas de la vergüenza y comprender cómo encontrar la libertad a través de la Palabra de Dios.
- Experimentar el cambio milagroso de vivir a la luz del evangelio hoy, en lugar de esperar un futuro feliz.
- Aprender de las historias de mujeres y hombres en la Biblia que aprendieron a lidiar con su vergüenza de forma bíblica y vivieron en la libertad que Dios provee.

Para enriquecer su experiencia de estudio, considere las sesiones de enseñanza en video de Scarlet Hiltibidal, de aproximadamente 7 minutos cada una con el código de acceso al final del libro.

¿ESTUDIAS POR TU CUENTA?

Mira las sesiones de enseñanza de Scarlet Hiltibidal, disponibles a través de un código de acceso, impreso en este estudio bíblico.

¿DIRIGES UN GRUPO?

Cada miembro del grupo necesitará un libro del estudio bíblico *Libre de vergüenza*, que incluye el acceso a los videos. Debido a que todos los participantes tendrán acceso al contenido en video, puedes elegir ver los videos fuera de la reunión de tu grupo si lo deseas. O, si alguien se pierde una reunión de grupo, ¡tendrá la flexibilidad de ponerse al día!

Además, visite lifeway.com/libredeverguenza para descargar una guía gratuita para líderes que incluye consejos, un cronograma sugerido y preguntas para debate para acompañar cada sesión del estudio.

TAMBIÉN DISPONIBLE

El EBook con acceso a videos, incluye 6 sesiones de enseñanza en video de Scarlet Hiltibidal, cada una de aproximadamente 7 minutos.